武蔵野大学
シリーズ

15

公会計論の研究

鵜川正樹

武蔵野大学出版会

はじめに

　本書は、公的部門（政府・地方公共団体）の会計（以下、公会計ともいう）をテーマにした研究書である。公的部門への発生主義会計の導入・移行を考えるとき、先行している企業会計との関係をどう考えるかという課題がある。本書では、公会計と企業会計の理論的な関係を考えるときに、企業会計をそのまま適用するのでもなく、また、企業会計と全く異なる別の体系を作るのでもなく、公会計と企業会計の共通の基礎があって、そのうえで公会計に固有な領域を検討するという方法を採用している。

　このような研究方法を採用した背景について、私が公会計に取り組むことになった経緯を少し述べさせていただきたいと思う。

　1999 年（平成 11 年）、東京都は財政的に危機的な状態にあった。東京都知事に当選した石原慎太郎氏は、国も地方自治体もバランスシート（貸借対照表）がないことを指摘して、国に先がけて東京都からバランスシートの作成を始めると宣言した。その作成を依頼されたのが、当時、日本公認会計士協会会長であった中地宏先生であった。中地先生のもとで、公認会計士のグループが財務局と協働して、東京都のバランスシートの作成を始めた。

　私は、同じ時期に、武蔵野市の土屋正忠市長が、職員参加型の財務諸表作成プロジェクトを始めるにあたり、その支援をしていたことから、東京都のバランスシート作成のチームに参加することになった。

　中地先生がバランスシート作成にあたり、その根底にあった思想は、会計情報という新しい武器を手にして、経営改革に取り組むことであった。発生主義会計に基づく新しい自治体会計を「機能するバランスシート」と

呼び、それは、組織体の活動を会計数値で表現し、要所要所に一つにくくったバランスシートを作り、その経営の責任者を置くことで表示しようとするものである（『機能するバランスシート－東京都の経営を改革する冷徹な用具－』2001年）。つまり、会計は、冷徹な数値で、その組織の業績を語り、その時々の資産、負債の有り高を示し、過去の反省と未来を指向するのである。

2002年、石原知事は東京都に本格的な複式簿記を導入することを意思決定して、2006年から、新会計制度は、都の会計規則により義務化されて、全庁的に導入されることになった。そのため、東京都として基本的な考え方を整理して、会計基準の作成、活用方法の方針を策定することになった。私たちは、財務局、出納長室（現在の会計管理局）等と議論しながら、『東京都の会計制度改革の基本的考え方と今後の方向』（2003年）をまとめ、会計基準として『東京都の新たな会計制度』（2006年）を公表した。

会計基準に関して、当時のわが国には、公会計基準と呼べるものは存在していなかった。英国政府や米国州・地方政府が財務報告に発生主義会計を導入していたが、国際会計士連盟（IFAC）公会計委員会（PSC）（現在の国際公会計基準審議会 IPSASB）が、発生主義会計への移行に関する研究報告書等を公表していたので、それらを手掛かりにして、公的部門の特徴、公会計固有の論点や考え方、導入方法を検討していった。その結果、IPSASB が作成している国際会計基準（IPSAS）を参照しながら、会計基準を策定していった。その検討過程の中で、地方自治体に企業会計をそのまま導入するのではなく、わが国の行政組織の経営実態に適合した会計基準と会計実務のあり方を考えてきた。

2013年から、私は、財務省財政制度等審議会財政制度分科会 法制・公会計部会の臨時委員を務めることになり、国（中央政府）の財政と会計の関係について考える機会を得ることができた。わが国においては、少子高齢化が進み、年金や医療など社会保障制度に関して、世代間負担の衡平性が重要な課題であり、会計がどのように役立つのかを議論してきた。

世代間負担の衡平性という場合に、世代をどう見るかという解釈に差は

あるが、一般的には、一世代（30 年程度）といえるかもしれない。世代間負担の指標のひとつとして、発生主義会計に基づき初めて明らかになる指標がある。それは、当期余剰・欠損（フロー）と純資産（ストック）の財務情報である。当期余剰・欠損は、1 年間に提供された行政サービスのコストが、1 年間の税収等で賄えたかどうかという指標（期間負担の衡平性）を意味する。これは、1 年間だけの赤字・黒字で変動があるが、中長期的には、純資産の変動の推移を通して、世代間負担の衡平性の指標として、財政規律の必要性や財政状況を理解するために活用することができるものである。

　わが国の政府・地方自治体では、議会による財政統制の観点から予算・決算は現金主義会計を採用しているが、国民（住民）への説明責任の観点から財務書類は発生主義会計を採用している。他方、財政運営の観点からは財政指標は国民経済計算（SNA）を採用している。それぞれ目的が異なり、測定方法も異なる。財務情報の活用としては、予算・財政と会計を連携することによって、議会・国民にとって、国の財政状況をより理解しやすいものとすることができるのではないかと考える。

　私は、2003 年から中央大学専門職大学院国際会計研究科に進学して筆谷勇先生のご指導を受けた。その後、中央大学大学院商学研究科博士後期課程では冨塚嘉一先生のご指導を受けた。

　本書の編纂は、博士号学位取得のために執筆した論文「公会計における財務業績計算の構造」（2002 年）をもとに、その後の IPSASB や英国政府会計等の進展を踏まえて、加筆修正したものである。学位論文の提出にあたっては、指導教授として冨塚嘉一先生にご指導を賜った。博士論文審査では、、朝倉和俊先生、上野清貴先生、梅原秀継先生、中瀬忠和先生から多くの貴重なご指摘を頂戴した。また、日本公認会計士協会公会計委員会や国際公会計学会等では、米田正巳先生、鈴木豊先生（青山学院大学名誉教授）、山本清先生（東京大学名誉教授）に貴重なアドバイスを頂いた。心より深く感謝申し上げる。

本書の出版にあたっては、武蔵野大学による出版助成金を受けている。また、武蔵野大学からは、恵まれた研究環境を提供していただいている。記して謝意を表する。

　本書の出版を引き受けていただいた武蔵野大学出版会代表取締役の横山尚佳氏、及び編集のお世話をいただいた斎藤晃氏に心からお礼を申し上げる。

　ところで、中地先生が 2022 年 10 月に 90 歳で逝去された。中地先生が、当時 70 歳くらいであったが、地方自治体のバランスシートに関連して、「人生のバランスシート」という言葉をよくおっしゃっていた。その趣旨は、現在まで色々な人のご恩やお世話になって人生を送ってきたが、自分の人生のバランスシートを作成したら、負債が増えるばかりであった。これからは、少しでも負債を返済して、全部返済できるかどうかわからないが、人生の終わりにはバランスできれば幸せであるということであった。ここに謹んでご冥福をお祈りしたい。

　このように本書は、多くの諸先生方のご指導を得て完成したものである。しかしながら、不完全な部分も多々あることも自覚している。今後も微力なからわが国の公会計の発展に貢献できるように研究に励んでいきたいと考える。

2023 年 2 月

鵜川正樹

目次————公会計論の研究

略語一覧

本書で使用している主な略語は以下のとおりである。

●国際会計基準関係
IAS, International Accounting Standards, 国際会計基準
IASB, International Accounting Standards Board , 国際会計基準審議会
IFRS, International Financial Reporting Standards, 国際財務報告基準
SIC, Standing Interpretations Committee, 国際会計基準解釈指針委員会
IFRIC: International Financial Reporting Interpretations Committee, 国際財
　　務報告解釈指針委員会
IFAC, International Federation of Accountants, 国際会計士連盟
PSC, Public Sector Committee, 公会計委員会
IPSASB, International Public Sector Accounting Standards Board, 国際公会
　　計基準審議会
IPSAS, International Public Sector Accounting Standards, 国際公会計基準

●米国会計基準関係
FASB, Financial Accounting Standards Board, 米国財務会計基準審議会
FASAB, Federal Accounting Standards Advisory Board, 米国連邦会計基準諮
　　問委員会
GASB, Governmental Accounting Standards Board, 米国政府会計基準審議会
GAO, General Accounting Office, 米国会計検査院

●英国会計基準関係
ASB, Accounting Standards Board, 英国会計基準審議会
FRS, Financial Reporting Standards, 財務報告基準
CIPFA, The Chartered Institute of Public Finance and Accountancy, 英国勅
　　許公共財務会計協会
HM Treasury, Her Majesty's Treasury, 英国財務省
RAB, Resource Accounting and Budgeting, 資源会計予算
FReM, Government Financial Reporting Manual, 政府財務報告マニュアル
WGA, Whole of Government Accounts, 全政府会計

問題意識及び
研究アプローチ

1. 問題意識

　会計の世界では、国際的なコンバージェンスを巡る議論が活発に進められている。

　1990年代からの企業経営と資本市場のグローバル化は、適正な財務報告制度が、資本市場や経済の基本的なインフラであるという認識を先進諸国の間で広めた。世界的に統一化された会計基準を真に必要とする段階に達したという認識のもとに、各国の会計基準設定主体が協力し合って、国際会計基準審議会（以下、IASBとする）を創設し（2001年）、IASBを中心にして、高い品質と比較可能性をもった国際財務報告基準（以下、IFRSとする）を作成し、コンバージェンス（共通化）あるいはアドプション（採択）により、各国の会計基準を統合化する方向で動いている。このような統合化の背景には、各国独自の会計基準を相互に認定し合うという考え方を転換し、国際的に統一された会計基準に準拠することが、企業経営の透明性と比較可能性を高めることになるという考え方へ合意形成されてきたことがある。

　他方、政府・地方公共団体の会計（以下、公会計という）への発生主義会計（企業会計）の導入は、多くの先進諸国では広くいきわたっているが、わが国では、単式簿記・現金主義会計を義務付けている会計法や地方自治法等に基づく現行法制度等が支障となり、いまだ本格的導入には至っていない。英国、オーストラリア、ニュージーランドなどでは、資源管理の効率性を目的として、予算、決算及び財務報告に発生主義会計を導入し、財政規律、業績評価、マネジメント改革の道具として活用している。また、米国では、議会による民主的な統制を重視して、予算は現金主義（あるい

は修正発生主義）のままで、財務報告に発生主義会計を導入している。

　公会計基準については、国際的には、国際会計士連盟（以下、IFAC と
する）に設置されている国際公会計基準審議会（以下、IPSASB とする）が、
国際公会計基準（以下、IPSAS とする）を開発する役割を負っている。
IPSASB の前身として、1988 年に公会計委員会（以下、PSC とする）が
設立されたが、2004 年 11 月より会計基準設定機能をより明確に表すた
めに IPSASB へ名称変更された。IPSAS の作成方法は、基本的に企業部
門に適用される IFRS を可能な限り適用することで、同じ課題に対して矛
盾のないアプローチを可能にすることとしており、同時に、公的部門固有
の会計処理や表示の開発を中心に行っている。しかしながら、発生主義会
計を導入している海外の諸国は多数あるが、IPSAS を導入している政府
等は多くはない。

　翻って、わが国では、政府においては財務省が「国の財務書類」を作成
しており、地方公共団体においては「統一的な基準」とされる会計モデル
により財務諸表が作成されている。政府と地方公共団体とも、いずれも、
予算・決算は官庁会計（修正現金主義）を維持したままで、決算書のデー
タを取引毎に組み替えたり、期末一括変換方式により組み替えたりするこ
とで発生主義的な財務諸表を作成するという方法を採用している。そのよ
うな状況の中で、東京都は、平成 14 年（2002 年）5 月に、現行法規上
要求される現金主義会計にもとづく財務報告書をそのまま保持しながら、
新しい会計制度として、日本で初めて複式簿記・発生主義会計を導入する
ことを決定して、平成 18 年（2006 年）4 月から、すべての一般会計及
び特別会計について本格的に発生主義会計を導入している。東京都の複式
簿記・発生主義会計の導入は、これまでのような決算統計（歳入歳出決算
書）を組み替えて財務諸表を作成する方式ではなく、明治以来の地方自治
体の会計制度を根本的に変革するものである。東京都の新たな会計制度は、
日々の会計処理の段階から複式簿記の処理を行い、ほぼ自動的に財務諸表
を作成できるため、議会による決算認定、決算分析を踏まえた予算編成、
議会による予算審議等に迅速に活用できるものである。

しかしながら、国や多くの地方公共団体の公会計改革は、官庁会計の決算統計を年度末に組み替えて財務諸表を作成し公表することにとどまっている。

筆者は、このような状況の背景には、公会計の基本的な構造について、企業会計と共通する基礎的な部分と公会計の固有部分について、必ずしも十分な議論がされていないことがあると考える。ここで構造というのは、会計の種々の構成要素が一つの統一的な全体へ組織されているところの内的な関連性を意味している。このような問題意識に基づき、本書は、企業会計と公会計との統合、調和あるいは調整を目指す考え方の立場から、企業会計の背景にある総合的な概念との照合を通じて、公会計論の構造を考察するものである。

2. 研究の目的と視点

会計は、経済活動を行う組織体の活動を認識・測定・伝達するための仕組みであり、その活動内容に応じた項目（勘定科目）を設定し、その増減の認識に基づいて金額を割り当てて最終的には決算書を作成・報告するプロセスである。会計は、経済主体の組織目的によって設計されるべきものであるが、一方で組織目的に左右されない構造をもっているともいわれている。会計の構造は、ある組織目的が与えられれば、特定の様式をもつことになる。営利を追求する経済主体である企業と、公的サービスを提供する経済主体である政府等とでは、それぞれ異なる組織目的を有しており、その結果、それぞれに適合する会計の体系が異なってくると指摘されている。

理論的に公会計と企業会計の関係を考えると、次の3つの視点があると考える。

①　公会計は企業会計をそのまま適用すべきである。
②　公会計は企業会計と全く異なるものであり別の体系を作るべきであ

る。

③　公会計は企業会計と共通の基礎があって、そのうえで公会計に固有
　　な領域を検討すべきである。

　①の視点は、企業会計と公会計との関係は、歴史的には、企業会計基準
のほうが先行して大きな成果を遂げてきたため、後発の公会計基準の設定
においては、企業会計基準の成果を多く取り入れてきたという経緯があり、
企業会計基準から公会計基準へ移植が行われている状況では、トランザク
ション・ニュートラルの考え方は合理的な考え方といえる。しかしながら、
企業会計と公会計の共通化がある程度進むと、両者の相違は注目されるよ
うになり、トランザクション・ニュートラルの考え方が適用できない状況
が生じてくるという問題がある。
　②の視点は、利益計算を主眼とする企業会計は公的部門には適用できな
いという考え方といえるが、公会計を全く別の体系として、企業会計との
共通の枠組みもなく構築することは無駄なことであると考える。
　本書は、③の立場に立つものである。③の視点は、会計にはすべての種
類の経済主体にとって共通する構造がある一方で、特定の経済主体が有す
る特定の組織目的に依存してその内容が異なりうるという考え方の立場で
ある。そのような視点に立ち、公会計の特質について、企業会計との直接
的な対比よりも、公会計と企業会計とに共通する総合的な概念との照合を
通じて、公会計における構造を考察するものである。
　公会計のあり方を企業会計との対比で考える場合に、Chan［2009:
pp.35-38］は、公会計と企業会計の相反する意見・対立（conflict）を解
決する方法（modalities）として、調和（harmonize）、統合（converge）、
調整（reconcile）、共存（co-exist）の４つを提示している。そのうえで、
会計専門家と公的財務専門官との思慮深い議論を通じてのみ、公的部門と
民間部門の両方に適切な会計の原理が現れるだろうと述べている。
　川村［2010a: pp.18-19］は、公会計のあり方について、企業会計との
直接的な対比よりも、公会計と企業会計とに共通する総合的な概念との照

合を通じて考えなければならないと述べている。その中で、公会計の概念フレームワークに関連して、公的主体に適合した活動区分に基づく損益フローを複数の認識基準によって識別することを提言している。

冨塚［2009: pp.63-65］は、企業会計における会計観の方法論的性質についての検討の中で、企業会計の業績評価を巡る2つの会計観、すなわち資産負債観と収益費用観について、単に対立もしくは併存といった関係だけでなく、期中の増減を捉えることを尊重するという共通意識があることを指摘しており、貸借対照表能力の意義も含めて、期中の資産・負債の増減に関する会計記録ができるだけ企業実態に対応すべきという「企業実態観」の重要性を提言している。さらに、会計測定基準のための方法論的分析として、企業活動の実態に即して会計構造を整理するという視点を維持しながら、過去の実績の測定という従来のニーズと現在及び将来の状態を想定する情報へのニーズという2つの情報を発信するためには、簿記的な処理や財務諸表表示上の区分などの工夫を検討することが必要であると述べている。

これらの指摘は、公会計の研究において、企業会計と共通する会計の構造が存在するとともに、公的部門の財務報告の目的と考えるうえで、公的部門固有な実態観の把握の重要性を示唆していると考える。本書の研究の視点は、公的部門の実態観の把握を基本にしながら、公会計と企業会計の対立あるいは共存ではなく、企業会計の背後にある共通する総合的な概念や考え方を検討することを通して、公会計の構造を考察するものである。

3. 研究の対象

本研究の対象とする会計の範囲は、政府・地方政府の公的部門における会計である。民間部門においては、非営利法人が存在する。民間部門の非営利法人会計と政府部門の公会計とは、米国では以下の歴史的な経緯からそれぞれ別の会計基準となっている。

民間部門の非営利法人会計については、米国財務会計基準審議会（以下、

14

FASBとする）［1980］財務会計概念書 第4号 "非営利法人の財務報告の諸目的" が先駆的である。FASB［1980］によれば、営利と非営利とで法人を区別するには、2つの基準がある。

　ひとつは、法人の経済的性格（営利目的か非営利目的か）であり、もうひとつは、法人の獲得する財源の性格（物品及びサービスの対価か否か）による。前者によれば、営利企業と非営利企業に区分され、後者によれば、非営利企業はさらにタイプAとタイプBに区別される。タイプAは、財源（資源のうち資金を意味する）の全部又は大部分を物品又はサービスの販売収益から収得するものをいい、タイプBはそれ以外のものをいう。すなわち、タイプBは、提供する資源に比例した対価又は経済的便益の受領を期待しない資源提供者から資源の大部分を受領するという特徴をもつ。非営利法人会計の基礎的概念は、両者に共通した1セットのもので十分であるが、限られた特殊な問題について追加的なものが必要であるとしている。

　米国の州政府の会計基準については、1984年に米国政府会計基準審議会（以下、GASBとする）がFASBから分離し設置されたことから公的部門の会計基準設定主体となり、公的部門に別個の会計概念が作成されることになった。また、連邦政府の会計について、連邦会計検査院長の法規に基づく権限に委ねられることになったが、その後、1990年に米国連邦会計基準諮問委員会（以下、FASABとする）が設立されて、連邦政府の会計基準設定主体となった。

　本研究の対象となる会計は、上記の分類に基づき、図表1にあるような

図表1　会計の種類

民間部門（プライベート）			公的部門（パブリック）
ビジネス	ノンビジネス	ノンビジネス	
営利企業 Profit-oriented	タイプAの非営利法人 Type A nonprofit	タイプBの非営利法人 Type B nonprofit	連邦政府・州及び地方政府

（出典：FASB［1980］を参考に筆者作成）

15

公的部門（パブリック・セクター）の会計である。

　公的部門の会計の種類について、本書では、IFAC・PSC［2000: para.63］による分類に基づき、図表2のように、「会計の基礎」（現金の収受か事象の発生）と「測定の対象」（財務資源か経済資源）によって、現金主義と発生主義とに区別される。それらの境界内に、修正現金主義と修正発生主義が存在する。

　公会計における発生主義と現金主義の相違は、認識の時期と認識の対象という2つの点が含まれることが特徴である。認識の対象によって、貸借対照表に計上される対象が現金から財務資源、経済資源へと拡大される。

　企業会計においては、歴史的には、信用制度と資本の固定化の進展を背景に、現金主義会計から発生主義会計に移行してきた。現在では、企業会計における発生主義と現金主義の相違は、認識の時期として説明されることが多い。その場合、認識の対象は同じ経済資源であり、公会計における現金主義とは意味が少し異なっている。公会計においては、発生主義によって、初めて財務状況をストックとフローで表すことができる。

　現金主義会計は、長い間、公的部門の会計と財務報告の主流であった。多くの政府では、予算の使途の検討と承認のために、現在も現金主義会計を使っている。そのような現金主義会計のメリット（現金をベースにした予算管理に適している）にもかかわらず、多くの国（政府・地方政府）で、公的部門の財務報告を改善するために発生主義会計が導入されている。その大きな理由は、現金主義会計では、負債や、将来的な便益をもたらす資産に関する情報をほとんど提供しないためである。

　これに対して、発生主義会計は、政府部門の計画、財務管理、意思決定にとってより適した情報を提供することができる。発生主義会計は、財務情報がより透明性をもつために、政府間の財務業績の比較可能性を向上し、公的部門のアカウンタビリティを充実させることができる。また、発生主義会計は、効率的であり、信頼性があり、利用者になじみやすいという財務情報の重要な特徴をもっている。

　本書では、公会計における発生主義会計を考察の対象とするものである。

図表 2　公的部門の会計の種類

会計方式 Measurement Basis	事象・取引の認識時点 （期間帰属の認識）	認識の対象 （貸借対照表の計上項目）
現金主義会計 Cash Basis	入金・出金の時点	現金預金
修正現金主義 Modification to the Cash Basis	入金・出金の時点。ただし、会計期間の末日以降の一定期間（出納整理期間）の現金収受をその会計年度の収支として反映させる。	現金預金
修正発生主義 Modification to the Accrual Basis	事象または取引の発生時点	財務資源（現金・預金、未収入金、未払金、短期金融資産・負債等） Financial Resources
発生主義会計 Accural Basis	事象または取引の発生時点	経済資源（現金・預金、未収入金、未払金、金融資産・負債、有形固定資産、投資、退職給与引当金等） Economic Resoureces

(出典：IFAC・PSC [2000: para. 63] をもとに筆者が作成した)

4. 研究のアプローチ

　これまで述べたように、本書の研究の目的は、公会計の特質と課題の検討を通して、公会計の構造を考察することである。研究の視点としては、会計にはすべての種類の経済主体にとって共通する構造がある一方で、特定の経済主体が有する特定の組織目的に依存してその内容が異なりうるという考え方に立っている。

　研究の具体的なアプローチとしては、公会計の基本的な考え方について、IPSAS 及び英国並びに米国等の公会計を研究し、個別の会計基準についても同様に比較検討を行う。そのために、海外及び国内の文献研究、海外及び国内の事例研究を行う。その中で、公会計の特質と課題を明らかにして、公会計の構造論に向けた考察を進める。

　公会計の固有な課題としては、公的部門の環境・組織、概念フレームワーク（財務報告の目的、報告主体、財務業績概念等）、個別の会計基準として固定資産の再評価とインフラ資産の会計、税収等の非交換収益の会計、純資産の会計、公会計改革と予算制度の関係を取り上げる。

Broadbent et al.［2008: pp.145-151］は、公的部門の外部報告に関する研究について、過去 20 年の分析を行い、以下のような指摘をしている。

　多くの研究において、公的部門の財務報告に企業会計を採用することについて、セクター間の相違が重要であるとしており、企業会計をそのまま導入することに賛成しているものは少ない。また、公的部門の財務報告に関する関心は、主に公的部門の会計基準の設定過程において論評として生じたものであるが、そこでは、企業会計を適用するという一般的なアプローチは妥当であり可能かどうか、公的サービスにおける財務報告はどのように規定されるべきか、概念フレームワークとその導入の検討が議論されてきた。現在も、国際的な公会計の会計基準設定主体である IPSASB がこの議論を継続している。さらに、一般的な重要な論点として、民間部門の組織と公的部門の組織の間に、重要かつ固有な特性の相違があるのかという議論がある。公的サービスの提供において、民間組織と公的組織とで、何が異なる要素なのか議論することが現在も必要である。

　公会計と企業会計との関係については、IPSASB でも、企業会計と公会計を区別しないトランザクション・ニュートラル（同じ取引・事象に対して同じ会計処理を適用するという考え方であり、セクター・ニュートラルやエンティティ・ニュートラルともいわれる）の考え方を巡って意見が分かれている。IPSASB の考え方は、基本的に IFRS を適用できるところは適用するが、公的部門固有の課題は独自に対応するというものである。企業会計と公会計との関係は、歴史的には、企業会計基準のほうが先行して大きな成果を遂げてきたため、後発の公会計基準の設定においては、企業会計基準の成果を多く取り入れてきたという経緯がある。企業会計基準から公会計基準へ移植が行われている状況では、トランザクション・ニュートラルの考え方は合理的な考え方といえる。しかしながら、企業会計と公会計の共通化がある程度進むと、両者の相違は注目されるようになり、トランザクション・ニュートラルの考え方が適用できない状況が生じてくる可能性がある（川村［2010b: p.76]）。

　本書では、トランザクション・ニュートラルをそのまま適用できない公

会計固有な会計基準について、企業会計に共通な基礎的な概念について考察することで、その固有性を明らかにしたいと考える。例えば、固定資産の再評価とインフラ資産の会計、税収及び補助金を含めた非交換収益の会計、純資産の会計について、企業会計と共通する基礎的な概念と共に公会計の固有性を考察する。このような固有な課題について、トランザクション・ニュートラルの考え方を巡る賛否の議論を検討することは、企業会計と公会計との間の統合的あるいは調和的発展のプロセスにとって必要なことであると考える。

このように、本書の研究のアプローチは、公会計の固有な課題について、企業会計と共通する構造を検討しながら、公会計の目的や特徴に依存して、どこが異なりうるのかを明らかにしたいと考えるものである。

5. 本書の構成

かくして、本書では、第1章では、公的部門への発生主義会計の導入状況とIPSASの影響を検討する。ヨーロッパでは、発生主義会計の導入にあたり、国内の企業会計をベースにした公会計の法規が多く存在しており、IPSASを採用している政府はむしろ少ない。民間部門では、IFRSの導入により、国内の企業会計基準とIFRSとの差異は縮小していくが、公的部門の会計の国際的な調和の意義について検討する。

次に、ニュー・パブリック・マネジメント（New Public Management：以下、NPMとする）という公的部門の経営改革を背景にして、公的部門の組織を取り巻く環境と目的を検討をした後、公会計概念フレームワークの議論において、重要な項目の中から、第2章で公会計の財務報告の目的を検討する。企業会計と公会計の共通する目的と公会計固有な目的を整理し、公会計には意思決定有用性と共に説明責任の概念の重要性を検討する。

第3章では、報告主体とグループ報告について検討する。財務会計の報告主体をどのように定義するかは、外部報告の利用者ニーズに応える有益

な情報提供という側面以外に公的部門に固有な議会統制の範囲をどのように考えるかによって規定されている。また、グループ報告（企業会計の連結財務諸表）の範囲の考え方として、支配概念ではなく、説明責任や監督責任に基づくグループ報告のあり方について検討する。

第4章では、公会計の財務業績概念を検討する。公会計に固有な財務業績の意味を検討する。財務業績計算は、資本維持概念と資産評価基準の組み合わせによって決定されるが、その組み合わせは複数存在することを述べて、公会計に適合する組み合わせを検討する。

次に、公会計固有の個別論点として、企業会計には存在しない、あるいは、相違する取引に関して、公会計固有な会計基準の検討を行う。具体的には、固定資産の再評価とインフラ資産の会計、非交換収益の会計、純資産の会計を取り上げて、企業会計の背後にある総合的な概念との照合を通して、公会計の特質と課題について考察する。

第5章では、有形固定資産の再評価とインフラ資産の会計を検討する。政府は、庁舎、道路、橋梁などのような、収益を生み出さないインフラ資産等に巨額な投資を行っており、インフラ資産を維持するための責任を負っている。インフラ資産は、企業会計には存在しないものであり、公会計固有なインフラ資産の会計を検討する。

第6章では、非交換収益である税収及び補助金の会計を検討する。政府は、公的サービスの提供に対して、直接的に対価を受け取ることはないが、包括的・長期的に税収等の形で補償されなければならない。提供される税金と需要されるサービスの間に通常存在する「対応」の関係は、企業会計の売上と売上原価（直接費）のような「交換」の関係ではなく、売上と販売費管理費（間接費）のような「期間」の関係となる。公会計固有な非交換収益の会計について、資産負債アプローチと収益費用アプローチを含めて検討する。

第7章では、純資産の会計を検討する。公的部門には資本拠出者は存在しない。また、公的部門には持続的なサービス提供の責任があることから、公会計の純資産の会計をどう考えるかを検討する。

　さらに、公会計の特質として、第8章では、公会計改革と予算制度との関係を検討する。公会計では、予算は議会による意思決定というガバナンスの仕組みから、重要な位置付けを占めている。予算と会計の両方に発生主義予算を採用している国は少なく、多くの国では、予算は現金主義であり、会計（財務報告）は発生主義を採用している。予算と会計との間では、会計の基礎と認識（現金主義・発生主義）が異なることの問題も指摘されており、発生主義の会計（財務報告）と現金主義の予算というデュアルシステムの問題点を検討する。

　最後に、第9章では、第1章から第8章までの検討をまとめる形で、公会計の構造論に向けた検討を行う。公的部門の特徴から、公会計における財務報告の目的、報告主体、財務業績概念、資本維持概念、資産評価基準、予算制度等について、公会計の統一的な全体を構成するものとして、それぞれの関連性を考察して、公会計に適合した組み合わせのあり方を検討するものである。

　本書が、公会計の研究を通して、企業会計と公会計との間の統合的あるいは調和的発展に貢献できれば意義があると考える。

第1章

公会計改革とIPSAS

はじめに

　ニュー・パブリック・マネジメント（NPM）の最も重要な実績のひとつは、財務報告システムの改革である。この改革は、政府機関の経営と意思決定を改善する重要な要素であり、ニュー・パブリック・フィナンシャル・マネジメント（NPFM）とも呼ばれている。

　財務報告システムの改革の基礎となったのは、伝統的な現金主義会計の代わりに、公的部門へ発生主義会計を導入したことであった。いくつかの政府が発生主義会計システムを採用して導入した。政府への発生主義会計の導入の有利性が強調されているが、NPM 改革によって定義付けされ、導入された発生主義会計は、政府の支払い能力、受け継いだ財産、公的サービスのコストの決定に関してより多くの正確な情報を提供するといわれている。

　公的部門の発生主義会計の基準設定主体として、IPSASB は、公会計改革を合理化し支援するために IPSAS を開発している。しかしながら、発生主義会計の導入という公会計改革において、IPSAS の影響は必ずしも大きくはない。

　本章では、公会計改革と IPSAS の影響を検討して、統一的な公会計の基準の必要性について検討する。

1. 発生主義会計の導入状況と IPSAS の影響

　これまで公的部門の会計の比較研究は、従来は、少数の政府のサンプルであったり、あるいは、特定の視点から会計法に焦点を当てたりしたもの

であったが、Christianes et al. [2010: pp.537-554] が、幅広いヨーロッパを対象に、IPSAS に関連して発生主義会計の適用状況を比較している。それによれば、多くの政府は、各国の企業会計をベースにした公会計基準を採用しており、IPSAS を採用している政府は少ないという結果を報告している。Christianes et al. [2010] によるヨーロッパにおける財務情報システムの分析結果は次のとおりである。発生主義会計の内容については、地方政府が図表 1 - 1、中央政府が図表 1 - 2 となっている。

　発生主義会計の導入について、IPSAS をベースにしているか否かを問わずにみると、ヨーロッパでは、地方政府の 68%、中央政府の 52% が導入しており、5 つの政府が導入を計画している。他方、現金主義会計を保持している政府 (ギリシャ政府、ドイツ Baden-Wurttember 州等) もある。

図表 1 - 1　地方政府における発生主義会計の内容

	IPSAS	IPSAS を計画中	発生主義会計	発生主義会計を計画中	現金主義
オーストリア					○
バイエルン(ドイツ)					○
デンマーク			○		
フィンランド			○		
フランダース(ベルギー)	○				
フランス			○		
ギリシャ				○	
イタリア				○	
リトアニア	○				
オランダ			○		
ノルウエー			○		
ポルトガル			○		
スペイン			○		
スウェーデン	○				
スイス			○		
英国	○				
合計(その他含めて21国)	4 (21.1%)	0	9 (47.4%)	4 (21.1%)	2 (10.5%)

(出典：Christianes et al. [2010: pp.545-546])

25

図表1-2　中央政府における発生主義会計の内容

	IPSAS	IPSASを計画中	発生主義会計	発生主義会計を計画中	現金主義
オーストリア					○
バイエルン(ドイツ)					○
デンマーク			○		
フィンランド			○		
フランス	○				
ギリシャ					○
イタリア				○	
リトアニア	○				
オランダ		○			
ノルウエー		○			
ポルトガル			○		
スペイン			○		
スウェーデン	○				
スイス	○				
英国	○				
合計(その他含めて24国)	5 (26.3%)	2 (10.5%)	5 (26.3%)	3 (15.8%)	4 (21.1%)

(出典：Christianes et al. [2010: pp.545-546])

　Christianes et al. ［2010］の分析によれば、IPSAS の影響度は、IPSASB の多くの努力や国際機関の支援にもかかわらず、ヨーロッパにおける政府の会計改革において重要な役割を演じてはいないとしている。IPSAS を最初から採用しているのは、4つの地方政府（フランダース、リトアニア、スウェーデン、英国）と5つの中央政府（フランス、リトアニア、スウェーデン、スイス、英国）である。英国やスウェーデンなどの地方政府は、多かれ少なかれ IPSAS をベースにした発生主義会計を適用している。中央政府では、フランス、スウェーデン、スイスは IPSAS に準拠した会計システムを導入している。しかしながら、発生主義会計導入を計画している政府（ギリシャ地方政府、イタリア地方政府及び中央政府等）では、新しい会計制度は IPSAS と連動していない。オランダとノルウエーの中央政府だけが、IPSAS を採用する計画である。

　地方政府と中央政府を比較すると、発生主義会計は地方政府のほうが中央政府よりも多く採用されているが、IPSAS は中央政府のほうが多く知られている。いずれにしても、ヨーロッパでは、IPSAS への準拠性は弱いとしている。

　IPSAS を導入している政府の中で、発生主義会計の法規が IPSAS と連携している理由の中で多いものは、「わざわざいちからやりなおすことは無駄である」と「IPSASB の知識を活用するほうが効率的である」であった。その他に、「財務情報の国際（国内）比較を強化する」や「国際的組織と適合する」等があった。

　逆に、発生主義会計の法規が IPSAS と連携していない理由の中で、多いものは、「会計の法規が国内の企業会計に準拠している」と「IPSAS はほとんど知られていない」であった。その他に、「会計基準設定主体の存在意義を失うおそれがある」や「IPSAS 導入の経験がない」があった。多くのヨーロッパの国々では、公的部門の会計ルールは、その国の企業会計のルールに準拠しているのである。

　このような IPSAS の認知度の低さに比べて、発生主義会計のメリットについては、すべての政府が複数のメリットをあげている。

　発生主義会計を導入する理由としては、「コスト認識と効率性の向上」、「外部へのアカウンタビリティと不注意な管理の改善」、「業績評価への支援（会計情報へのニーズの拡大）」が多くあげられている。その他には、「資産と資金の管理の向上」、「意思決定を容易にする」、「使用料・利用料の計算を支援する」、「政策方針の財政状態への影響を可視化」、「リスクと機会の認識を容易にする」等多数の項目があげられている。

　逆に、発生主義会計を導入しない理由としては、「現金主義会計が予算会計システムにより適合する」、「会計改革は多額の費用がかかる」があげられている。

　このことは、ヨーロッパでは、IPSAS の認知度に比べて、発生主義のメリットについては広く知られていることを意味している。Christianes et al. [2010] は、IPSAS の導入には、その国の文化の変革が必要であり、

IPSAS 完全準拠への道のりはまだ遠いとしている。

　その後の国際的な動向では、IFAC と CIPFA の共同報告書「International Public Sector Financial Accountability Index 2021 Status Report」によれば、2020 年現在で、調査対象の 165 の国・地域のうち、発生主義の適用国・地域は 49 あり、そのうち IPSAS を適用又は参照している国・地域が 28 あるとしている。2025 年には、発生主義の適用が 83、そのうち IPSAS 適用が 61 に増加すると予想している。

　G7 諸国では、カナダとイタリアが 2025 年までに独自基準から IPSAS 参照国に移行予定である。英国は IFRS の修正基準を適用しているが、IPSAS との類似性が高い。日本、米国、ドイツ、フランスは、独自基準を継続適用する予定となっている。

2. 英国の公会計基準の考え方

2-1. 英国政府会計における会計基準審議会（ASB）の会計基準の採用

　英国政府会計においては、これまで民間部門における会計基準審議会（以下、ASB とする）の会計基準が採用されていたが、2009-10（会計年度）より IFRS が導入されている。

　英国政府における発生主義会計の必要性と会計のフレームワークの必要性については、IPSASB［2002］Occasional Paper: Resource Accounting が詳細な報告をしており、その概要を整理すると以下のとおりである。

　発生主義会計の必要性として、次の理由をあげている（para.16）。

① 固定資産の情報
② 資産の利用、資本コスト、非現金コストを含んだすべてのコストの把握と効果との比較
③ 資産及び負債に関わるフレームワーク
④ 現金に対するコントロールは重要な機能であること
⑤ 議会によって授権された資源及び現金に制限があることを示す

　公会計のフレームワークとしての英国の一般に認められた会計基準（以下、GAAP とする）を採用する理由として、次のような政府財務報告の主要な目的への適合性があるとしている（para.27）。

① 議会に対して、政策、機能、プログラム及びプロジェクトの遂行における政府の成果のテストの基礎として信頼可能でかつ十分な情報を提供すること
② 議会に対して、議定費歳出予算法の収支においてサービスに対して議決されたファイナンス・レベルの検討及び合意のための基礎として信頼できかつ十分である情報を提供すること
③ 議会が議決した資金の管理状況を表明することによって、省庁のアカウンタビリティを保証すること
④ 議会に対して、省庁がサービスを提供した経済性、効率性、及び効性の保証として、かつ、選択した質問に対する基礎としての信頼できる成果に関する情報をシステマティックに提供すること

　英国の政府会計が企業会計のフレームワークをベースとすることの理由として、次のような英国会計検査院長の見解を引用している。
「財務諸表は、報告書の利用者のニーズに適合して、かつ、理解可能である一定の方法で情報が提供されることを保証する一連の原則及び規則に従って作成される必要がある。例えば、私的部門においては、会社は、その財務成果及び財政状態に関する『真実で公正な外観』を財務諸表が提供できるよう保証することを目的にした会計基準に従って財務諸表を作成することを求められている。このようなフレームワークがないと、財務諸表は、操作の対象になり、かつ、その利用者に対して報告するというよりはミスリードすることになる。このようなフレームワークは、発生主義会計においてより重要であり、そこでは、現金主義会計における場合より多くの判断と見積もりを作成者に対して求めることになる。会計基準は、これらの

29

判断を支配し、かつ、それに対して監査人がそれをテストできるようにするための合意されたベンチマークを提供するためにも必要であり、その結果、財務諸表の読者はその財務諸表が作成された基礎を知ることが出来る。」(para.28)

　次に、公的部門の会計基準について、トランザクション・ニュートラルを支持する見解が示されている。

「公的部門及び私的部門を通じての会計基準へのアプローチの基本的な統合が存在すべきであり、2つの部門の間の会計及び財務報告における不必要な相違が縮小するように、公的部門に通常適用可能な会計基準が定められるべきであり、その結果、明らかに不適当な場合を除いては、会計基準は両方の部門に対して公平に適用されることになる。」(para.30)

　その一方、ASB の会計基準を採用するにあたって、政府は次のことを斟酌しなければならないとしており、公的部門の固有性を考慮する必要があることを述べている。

「会計方針は、中央政府の支出が如何に計画されかつコントロールされているかの基礎を形成する。このことは、資源会計予算（以下、RAB という）と私的部門の会計との間の重要な区別を強調している。企業会計基準の適用の主要な焦点は実績の報告に当てられることになる。しかしながら、RAB の会計方針は、省庁の資源予算及び現金需要の決定におけるコントロール・プロセスをサポートするために十分に強靭であるべきである。」

「企業会計基準のある局面は営利的考慮に基づいており、それらは、概して、公的部門においては存在していない。このことは公的かつ非営利部門の他の部分における状況をフォローするために、企業会計基準はその部門に対する特定の要請によって補足されるべきである。」(paras.32-33)

　そのうえで、政府の見解としては、特定の場合には、次の取扱いを必要とするとしている。

（ⅰ）企業会計基準からの乖離

（ⅱ）更なる規定の追加

（iii）公的部門特有の解釈を追加する

IPSASB［2002］の報告書では、注目すべき乖離のひとつとして、グループ報告（連結財務報告）の範囲をあげている。そこでは、各省庁のグループ報告の「境界」は ASB が設定した支配基準に基づくものではなく、中央政府の支出がどのように計画されかつコントロールされているかによるとしている。財務省によると、省庁の境界は、企業会計の下において連結されるものの目的とは非常に異なっている。換言すると、政府の公的支出の計画、モニタリング及びマネジメントを支援するため、政府の目的に適合するように主としてデザインされているのである。

2-2. 英国政府会計におけるIFRSの導入

英国政府会計は、2000 年より発生主義会計を採用した RAB が導入されている。これは英国の企業会計基準に準拠して作成されている。しかしながら、財務大臣は 2007 年予算書において、2008-09 年度より IFRS に準拠した財務諸表を作成することを発表し、2008 年予算書において、IFRS の適用を 2009-10 年度まで延期する旨が発表したが、2009-10 年度(2010 年 3 月期)の資源会計報告書から IFRS が適用されている。さらに、地方政府については、2010-2011 年度より IFRS が適用になっている。

英国の財務報告諮問委員会（Financial Reporting Advisory Bord：FRAB）は、2011 年 6 月の年次報告書において、IFRS への移行は「挑戦的な」プロジェクトであり、「大きな成果」であると述べている。また、IFRS に基づく政府・地方政府の連結決算である全政府会計（Whole of Government Accounts: WGA）が公表されると「議会を含む利害関係者に追加的な説明責任と透明性を提供することができる」としている(FRAB［2011: pp17-26］)。

WGA は、非監査ではあるが、初めてのものが 2011 年 7 月に公表されている。これにより英国が公的部門の財務報告のフロンティアになったといわれている。

政府会計に発生主義会計を導入した諸国の中には、IPSASB が設定した IPSAS を導入した国もある。IPSAS は、IFRS をベースに公共部門に適用するために必要な修正・追加を行う方法で作成されている。

しかしながら、英国が IPSAS ではなく、IFRS を導入することになった背景には、現在の IPSAS が中央政府に導入できるほど十分に整備されていないため、IFRS そのものを導入するとともに、自国の制度に合わせて必要な修正・追加を行うことができる方法を選択したものである。

英国では中央政府への IFRS の導入は、2000 年に行われた RAB の導入以来の大改革と捉えられている。IFRS の適用を受ける英国の政府には、省庁、執行エージェンシー、非省庁パブリック・ボディ（Non-Departmental Public Body：NDPB）及びトレード・ファンドが含まれる。

財務省はすでに IFRS をベースにした政府財務報告マニュアル（Government Financial Reporting Manual: FReM）の作成を完了している。FReM には、項目別に、IFRS がそのまま適用される場合（直接適用）、公的部門の特性に応じて解釈する場合（解釈適用）、修正する場合（修正適用）、ALBs 向けの異なる適用（異なる適用）を示している。

HM Treasury［2021］FReM における IFRS の適用状況は図表 1‐3 のとおりである。

図表 1-3　FReM における IFRS の適用状況

International Standard	FReM での対応			
	直接適用	解釈適用	修正適用	異なる適用
	Applies without adaptation or interpretation	Applies as interpreted for public sector	Applies as adapted for public sector	Different adaptations or interpretation for ALBs
IFRS 1 国際財務報告基準の初度適用		○		
IFRS 2 株式に基づく報酬	○			
IFRS 3 企業結合		○		
IFRS 4 保険契約	○			
IFRS 5 売却目的で保有する非流動資産及び非継続事業		○		

IFRS 6 鉱物資源の探査及び評価	○			
IFRS 7 金融商品：開示	○			
IFRS 8 事業セグメント	○			
IFRS 9 金融商品		○	○	
IFRS 10 連結財務諸表			○	○
IFRS 11 共同支配の取決め			○	○
IFRS 12 他の企業への関与の開示			○	○
IFRS 13　公正価値測定	○			
IFRS 15　顧客との契約から生じる収益		○	○	
IFRS 16　リース		○	○	
IAS 1 財務諸表の表示		○		
IAS 2 棚卸資産		○		
IAS 7 キャッシュ・フロー計算書		○		
IAS 8 会計方針，会計上の見積りの変更及び誤謬	○			
IAS 10 後発事象		○		
IAS 12 法人所得税	○			
IAS 16 有形固定資産		○	○	
IAS 17 リース	○			
IAS 19 従業員給付		○	○	
IAS 20 政府補助金の会計処理及び政府援助の開示		○		
IAS 21 外国為替レート変動の影響		○		
IAS 23 借入費用		○		
IAS 24 関連当事者についての開示		○		
IAS 26 退職給付制度の会計及び報告		○	○	
IAS 27 個別財務諸表			○	○
IAS 28 関連会社に対する投資			○	○
IAS 29 超インフレ経済下における財務報告		○		
IAS 32 金融商品：表示		○	○	
IAS 33 1 株当たり利益	○			
IAS 34 中間財務報告	○			
IAS 36 資産の減損		○	○	
IAS 37 引当金，偶発債務及び偶発資産		○	○	
IAS 38 無形資産			○	
IAS 40 投資不動産		○		
IAS 41 農業	○			

（出典：HM Treasury [2021]Government Financial Reporting Manual 2021-22,Para8.1）
（注）・直接適用（Applies without adaptation or interpretation）：IFRS の会計処理が、Adaption（修正適応）や Interpretation（解釈適用）がなく、そのまま適用される基準。
　　　・解釈適用（Applies as interpreted for public sector）：IFRS の会計処理が、公的部門向けに解釈されて適用される基準。

・修正適用（Applies as adapted for public sector）：IFRS の会計処理が修正されて適用される基準。
・異なる適用（Different adaptations or interpretation for ALBs）：ALB s（arm's length bodies）向けに IFRS の会計処理とは異なる修正や解釈により適用される基準。
ALBs は、内閣府が行政区分した中央政府の公的機関の特定のカテゴリーであり、ALB には、Executive agencies (EA：執行エージェンシー)、Non-departmental public body (NDPB：非省庁パブリックボディ)、Non-ministerial department(NMD：非省庁部門) の 3 タイプがあるとされている (Guidance「Public Bodies」より)。

英国政府の会計基準をみると、IFRS の直接適用よりも、解釈適用や修正適用が多い。例えば、棚卸資産、有形固定資産、金融商品、従業員給付、退職給付制度、連結財務諸表、資産の減損などがある（para.8.2.2）。

主な修正項目の概要は以下のとおりである。

① IFRS10 連結財務諸表

省庁の報告主体の境界は、企業会計におけるグループの概念と似ているが、国民統計局（the Office for National Statics）の管理基準に基づき、公的セクターの分類を決定する。

これは、英国政府会計の連結の範囲は、公的な性格であること及び主に税金による資金調達に加えて、ONS により公的セクターに分類されたものとなっていることによる。

② 有形固定資産

IAS16 の適用に当たり、公的部門の実態から次のような修正を行っている。

すべての有形固定資産は報告期間の期末において評価しなければならない。

IAS16 の原価評価のオプションは適用されない。歴史的原価の開示は必要ない。

サービス提供のために保持されている資産（稼働資産）および使用中の資産は、既存使用における現在価値（current value in existing use）で測定する必要がある。特殊な目的に使用されていない資産の場合、既存使用における現在価値は、既存使用のための市場価値として解釈される。特

34

殊な目的に使用されている資産の場合、既存使用における現在価値は、資産の残りの潜在的なサービスの現在価値として解釈されるべきであり、それは少なくともその潜在的なサービスを交換するためのコストに等しいと仮定することができる。

　これは、英国の政府会計の剥奪価値（deprival value）アプローチにもとづく考え方である。剥奪価値アプローチでは、資産が剥奪されたときに主体が被る損失を測定するが、これは同等のサービス提供能力を取得する現在のコスト(再取得原価)よりも高いことはないとしている。(para.10.1)

③　ネットワーク資産

　ネットワーク資産（インフラ資産）のうち、道路の舗装部分については、独自の会計方式（更新会計）を採用している。道路はサービスポテンシャルにもとづき償却後再取得原価で評価する。具体的には、道路の舗装部分の 1 年間の減価償却費は、メンテナンス費用がサービスポテンシャルの価値と等しいという考え方を採用している。年次の使用状況調査による調整（劣化状況に応じて）費用を加算あるいは減算したとしても、メンテナンス費用が再取得部分の価値として利用される。利用状況調査が舗装面の劣化を認めなければ、メンテナンス費用が減価償却費の代替となるという考え方である（para.10.1.15）

④　棚卸資産

　IAS2 の修正として、下記のものは非流動資産として評価する。

　備蓄品および軍備蓄品

　没収、押収、没収された財産

　価格支援プログラムの下で保持されている商品（para.10.4）

⑤　WGA（全政府会計）の作成（para.13.1-2）

　財務省は、すべての公的セクター（中央政府、地方政府、公営企業）に対して、政府資源会計法（The Government Resources and Accounts

Act 2000）第9条にもとづき、WGA を作成するとしている。WGA は、議会に対して、財政計画の作成にとって、より透明性の高く、説明責任を増進させる情報を提供するものである。

　以上のように、英国政府会計の基本目的は、中央政府の支出の計画とコントロールの基礎を形成することである。これが、RAB と民間部門の会計との重要な差異である。そのため、公的部門の固有な課題については、IFRS からの乖離、規定の追加、公的部門特有の解釈及び修正を追加している。

　このように英国の会計基準に対する基本的な考え方は、公的部門と民間部門の会計には共通の構造があるというセクター・ニュートラルを基本にしているが、他方、公的部門に固有な状況に対しては、その適用範囲が制限されている。その意味では、IFRS 導入後も、政府会計の基本的な考え方は変わっていないと考える。

3. 米国の公会計基準の考え方

3-1. 米国連邦政府会計

　米国の公会計基準設定主体には、FASAB と GASB があり、それぞれ長い歴史を有している。米国においては、連邦政府及び地方政府は、それぞれ異なる会計基準を設定していて、また、企業会計基準とも異なる基準を設定し、独自の発展を遂げている。

　FASAB は米国連邦政府だけに適用する会計基準であるが、IPSASB は多くの国家・地方政府を対象としていることが大きく異なる。しかしながら、個別の会計基準の多くは非常に似ている。FASAB の主な関心事は、政府の資産の評価ではなく、政府がどのようなサービスを提供するとどのくらいの費用がかかるかということである。将来どのようにして国債の返済と利払いをしつつ、政府支出を賄うだけの税収を維持できるかが課題である。財務諸表に加えて、長期持続可能性報告書において現在の税収の水準で今後も政策を維持していけるかどうかを示している。民間部門よりも

説明責任に焦点を当てているといえる。

　川村［2010b: p.59.］によれば、米国連邦政府が IPSAS を導入するかどうかは難しい選択であるが、米国議会ではおそらく政府会計基準の責任を米国外の機関に任せたいとは思わないだろうと述べている。

3-2. 米国州及び地方政府会計

　米国では、政府向けの資本市場が非常に発達しており、州及び地方政府は、GASB に準拠した財務諸表を作成して監査を受けることが義務付けられている。

　GASB では、公会計におけるハーモナイゼーションやコンバージェンスのニーズは、企業会計に比べて小さいとしている。会計基準は適切である限り多様であっても良いという考え方である。

　川村［2010b: p.66］によれば、GASB と IPSASB との関係では、会計基準のコンバージェンスの理由に、財務諸表の比較可能性があげられるが、比較可能性は財務報告の質的特徴のひとつにすぎない。むしろ、目的適合性が最も重要であり、GASB は IPSASB とのハーモナイゼーションが適切であればそうするという立場である。GASB は、国によって異なった会計基準が存在して多様となる可能性を示している。GASB は、米国基準を世界に輸出する意図はなく、世界にとって適切な基準は IPSASB が考えるべきという立場である。

　なお、GASB は、米国の会計基準が世界にとって適切でない例として、ファンド会計をあげている。ファンド会計は、伝統的に定着してきた制度で重要であり、廃止するのは非常に困難である。地方政府では、発生主義で記帳しているところもあるが、予算は現金主義で作成し、記帳は現金主義（現金を対象とする）あるいは修正発生主義（財務資源を対象とする）で行い、年度末に発生主義に調整しているところもある。この後者の方法は世界に広めるべきでないとしている。

　発生主義会計に基づく財務諸表は、米国の企業会計に準拠しているが、一部（繰延勘定、インフラ資産の減価償却、純資産の表示）については、

州・地方政府の固有性を取り入れたものとなっている。

　全般的に、IPSAS が企業会計に近いことと比べると、GASB は、米国の予算制度を反映した基準になっている。その理由として、GASB は1999 年に発生主義会計を導入するまで国際的な関わりがなかったが、IPSASB は 1996 年頃からトランザクション・ニュートラルという考え方を採用して会計基準を確立してきたことがある。

　GASB には、期間衡平性（inter-period equity）という独自のアプローチがある。これは、財務諸表の利用者の観点から用いられるものである。公的部門の財務業績の評価として、一定期間の収益と費用に着目することは、財政状態（資産・負債）の測定に劣らぬ価値を有しているはずである。期間衡平性の目的は、民間部門の収益費用対応の原則とは異なるものである。州・地方政府は、多額な税収という非交換収益を財源として、住民へのサービスの提供が対価性なく長期間にわたり提供する責務があることから、住民にとって、負担と受益が均衡していることを評価できることが重要である。期間衡平性は、財政規律の指標と共通するものであり、長期的には世代間負担の衡平性の評価につながるものである。そのため、GASBには、特有な会計基準（繰延インフロー・アウトフロー等）が存在する。

4. 小括

　本章では、公的部門への発生主義会計の導入が各国の国内会計基準をもとにしており、IPSAS を導入している国は少ないことを見てきた。世界で初めて発生主義会計を導入したニュージーランドの経験では、公会計は企業会計と本質的な差異はないという考え方（トランザクション・ニュートラル）をもとにして、公的部門固有の課題に対しても対応してきている。他方、英国や米国の政府会計では、企業会計をベースにしながらも、公的部門の特性に合わせて必要な追加・修正を行っている。政府の予算制度を反映して、公的部門の会計には多様性が存在している。

　国際的な企業会計の動向をみると、上場企業に IFRS を適用するという

潮流があるが、他方、非上場企業や上場企業の単体の会計基準については、IFRS と国内基準の選択適用を認めている国や国内基準のみを認めている国など対応が分かれている。各国の国内会計基準が IFRS に収斂していくと、IFRS との相違点は小さくなっていく。IFRS は投資家の意思決定に重点を置いており、その有用性を高めるために会計基準の改訂を加速している。将来的には、IFRS は、次第に 非上場企業や中小企業を対象にした国内会計基準との乖離が生じるかもしれない。そのため、企業会計の多層的な制度（仕組み）が必要であるといわれている。

　これに対して、公的部門における会計基準をみると、住民等の幅広い利用者が存在することや公的部門固有の課題があることから、IFRS あるいは IFRS に収斂していく国内会計基準をそのまま適用するよりも、むしろ公的部門の固有性に対応した会計基準として IPSAS の存在が強くなると思われる。

　IPSAS は政府のガバナンスの相違を超越した次元での国際的な公会計基準の開発を進めているため、各国に強制的な適用力はなく、ベンチマーク的な基準を提供しているものである。それでも、IPSASB が公的部門固有の概念フレームワークの開発を行いながら、新しい会計基準や財務報告基準を開発している状況を見ると、今後は、国際的な政府会計の基準として存在感を増すことが予想される。ヨーロッパでは、これまで IPSAS の認知度は低かったが、近年、European Public Sector Accounting Standards (EPSAS) が設立され、公会計の透明性と比較可能性を向上させるため、欧州連合（EU）に共通して適用できる公会計基準の設定を目指している。

　米国においては、FASAB や GASB の歴史ある公会計基準設定主体が存在するが、将来的には IPSASB との国際的な調和が実現することが期待される。

　英国や米国の公会計基準には多少の相違点があるが、共通した考え方としては、政府部門の財務管理や業績評価の厳密化があり、住民への説明責任の強化がある。他方、各国が様々な会計基準を設定している状況に関し

て、各国の会計基準設定主体は、財務諸表が備えるべき比較可能性という質的特徴についてあまり考慮していないといえるかもしれない。

しかしながら、近年、米国や欧州での政府債務の膨張と国債の格付けの引下げが国際的経済への大きな影響を与えていることを鑑みると、公的部門においても、財務諸表の国際的な比較可能性は重要性が増しているといえる。公会計基準は政府の体制を超えて一般的な幅広いものとなっていくべきものであると考える。

●第2章●

財務報告の目的

はじめに

　企業会計は、民間企業を対象にした財務報告システムであり、利益獲得を目的とする企業活動との整合性をもっている。それに対して、政府等の公的部門は、企業と異なる目的をもっており、住民福祉の向上のため、財貨及びサービスを提供することを目的にしている。公的部門の取引や経済的な現象は多くの場合民間と同様であり、その場合には、企業会計と同様な考え方が適用できるだろう。しかしながら、民間部門と異なり、公的部門には固有な特徴があり、その特徴は、公会計の概念フレームワークや会計基準に潜在的な影響を与えている。

　公会計の概念フレームワークの議論において重要な項目の中から、本書では、財務報告の目的（第2章）、報告主体（第3章）、財務業績概念（第4章）について、企業会計と共通な基礎的な概念と公会計の固有の特質を検討する。

　財務報告の目的について、企業会計では投資家という利用者の意思決定に有用な情報を提供するという意思決定有用性アプローチが採用されている。他方、公的部門では、市民、議会、与信家、行政管理者等の多様な利用者の意思決定に有用な情報を提供するという意思決定有用性アプローチとともに、政府には公的説明責任があるという説明責任アプローチの2つが採用されている。このような問題意識から、本章では、公的部門の財務報告の目的を取り上げてその特質について検討したい。

1. 公会計改革の位置付け

1-1. ニュー・パブリック・マネジメント (NPM) と公会計改革

IFAC による IPSAS の策定作業や近年の各国における政府の公会計改革には、公的部門に擬似的な市場を導入することによって、公的部門の経営モデルを民間部門にみられるような成果志向、顧客志向、市場原理重視、分権的管理のモデル（企業モデル）へと変換させようとする NPM の考え方が大きく影響しているといわれる。

政府の経営モデルと公会計の関係をみると、従来の公的管理（Old Public Management：以下、OPA とする）の場合、資源の焦点は資源の投入段階（インプット）にあり、効率性（アウトプット）や成果（アウトカム）はあまり問われなかった。OPA では、現金の歳入と歳出の管理が中心になるので、現金主義会計が適合していた。

しかしながら、現在では、多くの国が OPA から NPM に移行している。NPM はその適用手法によりいくつかの類型に分けることもできるが、政府経営のモデルとしての NPM とは、公的部門の経営を成果志向、顧客志向、市場原理及び分権化の 4 つの原理をもとに行おうとする考え方である。政府に民間の活動原理を適用するには、市場と同じ環境を政府にも位置付けることが重要である。そのためには、政府においても、産出する財・サービスの成果に焦点を置き、費用対効果を測定できるようにすることが必要になる。サービス供給コストの測定では、資源の消費に着目することになり、会計的には発生主義会計が適用される。現金主義会計が資金の支出、受入という資源の投入時点で経済活動を認識するのに対し、発生主義会計は、財・サービスの産出という成果を達成するために消費される資源量を貨幣的に認識するものであり、NPM には発生主義会計がより適合するのである。

NPM の共通な背景として、政府は、少子高齢化・成熟化した社会において、財源（税収）が増加しない中で、政策の選択をより合理的に判断しなければならないという責任が大きくなったことがある。政策の費用対効

果をより高めることが求められ、政策を民間と比較したり、他の政府と比較したり、他の政策と比較するということが生まれてくる。政策の効率性や成果を評価するためには、政策の費用（コスト）の把握が必要であり、発生主義会計が適合する。

　政府は、投入から産出までのすべてを政府というひとつの経済主体が担う構造から、産出という成果を効率的・効果的に供給する責任のみを有し、供給者自体には政府以外の民間事業者も含まれるという構造への変化を生じさせたのである（山本［2002: p.1]）。

　政府の財務会計に民間企業のアプローチを適用していくときの理由として、公的サービスへの民間経営手法の関与が大きくなってきたことがあげられる。公的サービスへの市場原理の導入は、コストと価格の情報を開発する必要性を高めた。公的サービスの提供において、公的部門と民間部門との間に競争が生じると、サービスの外部化や市場類似の価格を設定するために、比較可能な情報の開発が必要であり、このことが、公的部門の財務報告に民間部門のアプローチを導入することになった起動力のひとつであった。

　多くの研究者が、諸外国では、NPMの一環として、発生主義会計や予算が導入されたことを述べている（Bromwish & Lapsley [1997], Olson,Guthrie and Humphrey [1998]）。

　海外の諸国の中で、ニュージーランドは、政府の経営にNPMの考え方を適用した最初のリーダーであり、政府部門に企業会計を取り入れた最初の国である。Pallot [2001: pp.383-384] によれば、ニュージーランドの公会計改革は、業績の評価に関する新しい枠組みを構築した。その特徴的な考え方は、省庁と政府の関係を契約関係とみなして、政府は省庁あるいは民間企業からのアウトプットの購入者であり、同時に、政府は省庁の所有者であると看做すことである。公共サービスの提供に民間経営手法を導入し、あらゆる局面で公的部門のフレームワークを変革した。公会計に、企業会計的なアプローチを採用し、すべての公的サービスに発生主義会計を導入し、公会計の全体を把握しようとした。

　その過程で、公会計の報告主体、インフラ資産、文化遺産、防衛資産、税収、社会保障債務などに関する会計基準はこれまで存在しなかったことから、民間企業の会計基準に準拠しながら、会計基準と実務を開発してきた。インフラ資産の取扱いが特に関心を呼んだときには、民間部門と比較可能性のある財務会計の開発を進めた結果、キャピタル・チャージ（資本費用）という概念が導入された。キャピタル・チャージとは、政府では資産取得の原資になる税・借入金等の調達費用（金利）が各省庁の会計では測定されないため、資産保有のコストを管理者に認識させ、資産の効率的使用の促進と余剰資産の処分を促すために導入されたものである。キャピタル・チャージは、機会費用であるが、これを予算の対象（コスト）に含めることで、活用されていない資産の売却等を進めたのである。

　NPM に次いで、ニュー・パブリック・サービス（New Public Service: 以下、NPS とする）という、新しい経営モデルの概念が登場してきた。NPS とは、OPA や NPM の概念に対して、新たに提唱された概念である。政策実施主体は、OPA では政府機関、NPM は官民連携、NPS では多様な連携に変わる。NPS の概念は、新しい公共「空間」といわれており、1 つの経済主体ではなく複数の経済主体のネットワークや協働によって、公共の問題を解決しようという考え方である。イギリスやニュージーランドでは、NPM の市場原理に対する批判として市民参加を強調する概念として発生したが、資源管理の近代化と民主的統制が強調されており、発生主義的な考え方を否定するものではない。NPS の経営モデルに適した会計については模索されているが、現在のところ、具体的な会計システムは存在していない。

　以上のことから、本書では、NPM 型の政府の経営モデルを前提として、公的部門特有な経済取引にかかる会計上の意義と課題を検討するものである。

1-2. 企業活動と政府活動の特徴及び相違

　民間企業は、株主から出資を受けて資本金を構成する。この出資は配当

あるいは将来の株価上昇を期待して株主が自発的に行うものである。企業は、市場において供給者と消費者の自由な交換取引を行うことで利益の獲得を目指す。

これに対して、政府は、国民から選任された議員による立法機関（議会）において集合的に資源配分（予算）を決定して、その財源として非自発的拠出により税金等を徴収し、対価性のない公的サービスを住民に提供する。政府では、民主的統制の見地から、議会による資源の調達と配分が事前に承認されることが必要であり、予算原案作成と執行を担う政府（行政）と機能分担がなされている。企業経営のような計画・予算・執行の一元的管理体制が設定されていない。さらに、行政活動の成果は、行政サービスの供給時点で把握することが困難であり、長期的な活動の累積として効果が発揮するものも少なくない。このように政府活動では、企業活動のように、目的、計画、執行、評価を財務的尺度で統一的に把握することが困難であるという特徴がある（山本［2005: pp.229-230]）。

このことをまとめると図表2‐1及び図表2‐2のようになる。

図表2-1　企業活動と政府活動の特徴と相違

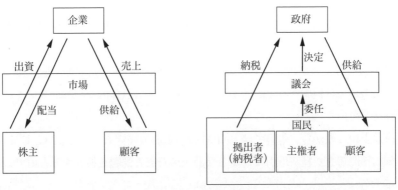

（出典：山本［2005: p.214]）

46

図表2-2 企業と政府の経済活動(資源の調達、配分、供給)における相違

	企業活動	政府活動
資源調達	株主からの自発的拠出	納税者からの非自発的拠出
資源配分	市場における供給者と消費者との交換取引	議会における集合的な意思決定(統制可能性)。提供されるサービスの受益と負担(納税)とは一致しない非交換取引。 住民は、資源提供者(納税者)であり、サービス受益者であり、主権者であり参政権と選挙権をもつ。
資源供給	市場において調整される価格と量で提供	議会で決定された配分(予算)に従って供給(事前決定)

(出典:山本[2005]を参考に筆者作成)

1-3. 政府活動の主要な特徴

　政府活動の主要な特徴について、GASB と IPSASB を参考に整理する。

　GASB[1987]概念書 第1号「財務報告の目的」は、組織の活動環境は必然的にその財務報告の基本目的に影響を与えるとして、財務報告の基本目的の設定に影響を与える政府活動の主要な特徴を以下のように述べている。

a. 政府の組織構造と政府が提供するサービスの基本的特徴

① 政府の代表制の形態及び分権

　代表制民主主義では権力は究極的には市民に帰属する。市民はその権力を選挙を通して議員に委託する。権力の委託に関して、行政、立法、司法という分権的組織が採用されている。行政機関は立法機関に説明責任を負い、行政機関及び立法機関はともに市民に説明責任を負う。

② 政府の連邦システム及び政府間歳入の普及

　米国では、3つのレベルの政府が存在する。すなわち、連邦、州、地方政府である。上級政府機関における下級政府機関への指示・奨励と広範な課税権の存在は、政府間の助成金及び補助金の普及をもたらす。

③ 納税者と需要されるサービスの関係

　政府は基本的に税金を徴収してサービスを提供している。

（ア）納税者は非自発的な資源提供者である。

（イ）税金の金額は、所有する財産、所得等に基づいており、その個人が需要するサービスのコストや価値と比例的な関係をもつことはほとんどない。

（ウ）提供される資源と需要されるサービスとの間に「交換」関係は存在しない。

（エ）政府はサービス提供に独占性をもつことがあり、競争的な市場が欠如している場合には効率性を測定することが困難である。

（オ）サービスの最適な量または質を決定することは困難である。

　政府において、企業会計と同様な純利益のような単一の包括的な業績指標は存在しない。様々な測定値による業績評価を通じて説明責任を査定しなければならない。

b. 政府の組織構造から生じるコントロール上の特徴
①　公共政策、財政意図、コントロールの手段としての予算
　予算は、公共政策の表現であり、財政計画であり、財政意図の表現である。予算は通常、法的な強制力をもったコントロールの一形態である。予算は、業績評価の基礎を提供する。資源が予定どおりに調達され支出されたかどうかを利用者が評価するために役立つ情報が得られる。

②　コントロール目的の基金会計の利用
　米国では基金（ファンド）会計を採用している。

c. その他の特徴
①　収益を生み出さない資本資産への大規模な投資
　政府等は、庁舎、道路、橋梁などのような、収益を生み出さないインフラ資産等に巨額な投資を行っており、インフラ資産等を維持するための責任を負っている。インフラ資産は、企業会計には存在しないものである。

② 政治プロセスの特質

　個々の納税者によって支払われる税金の金額は、当該納税者によって需要されるサービスの総費用または主観的価値と比例的な関係をほとんどもたないため、住民の代表である議員が議会において行う予算会議は、政治的なプロセスとして重要性をもつことになる。

　IPSASB［2014］「概念フレームワーク」では、概念フレームワークの開発に関連して、公的部門の特徴として次のような特徴をあげている。

① 非交換取引の量的及び財務的な重要性
　　公的部門では、個人あるいは個人の集団が受けるサービスの水準と量は、通常、課税される税金の水準に直接的な関係はない。政府は税金等の強制的な取引を通じて資源提供者に対して説明責任を負う。（para.5）
② 承認された予算の重要性
　　多くの国では、憲法にもとづき立法府が承認する予算を作成する。立法府では、市民及びその選挙で選ばれた代表者が、予算等の仕組みを通じて、政府の管理者としての税制面での説明責任を問うことになる。（para.8）
③ 公的部門のプログラムの性格及び公的部門の永続性
　　公的部門のプログラムは長期間にわたり、そのコミットメントを充足する能力は、将来の課税及び拠出に左右される。当該コミットメントと将来課税するパワーは、資産と負債の定義を満たさないため、財務諸表には認識されない。政府の重要なプログラムの長期的な持続可能性に関する将来財務情報が説明責任及び意思決定目的にとって必要になる。（para.10）
④ 公的部門における資産及び負債の性格及び目的
　　公的部門においては、有形固定資産その他の資産を保有する第一の理由は、キャッシュ・フローを創出する能力ではなく、サービス提

供能力を有するということである。美術品等の文化遺産、鉱物埋蔵等の天然資産を保有する。サービス提供目的等に関連して負債が生じる。(para.14-17)

⑤　公的部門の主体の規制上の役割

政府は直接的に又は間接的に、経済の一定分野で企業を規制するパワーを有している。(para.18)

⑥　統計報告との関係

多くの政府は2種類の財務情報を作成している。それは、(a) マクロ経済分析及び意思決定にむけた一般政府部門に関する政府財政統計と (b) 政府の報告主体レベルでの説明責任及び意思決定にむけた一般目的財務諸表である。

2つの財務報告は異なる目的を有する。一般目的財務報告は、その利用者に有用となる、報告主体の情報を提供することである。他方、政府財政統計報告書は、(a) 財政政策の選択肢を分析し、政策を立案及び財政政策の影響を評価する、(b) 経済への影響を判断する、(c) 国及び世界レベルで財政上のアウトカムを比較するために利用される。

異なる目的及び異なる報告主体への焦点により、一定の取引及び事象については異なる処理となる。しかしながら、2つの会計フレームワークの間の相違の削除、両方を作成するための単一の統合財務情報体系の使用は、報告書の質、適時性、理解可能性の観点から利用者には有益となる。(para.20-24)

　川村［2010a］は、公的主体の活動の特徴として、概念フレームワークとの関連から、① 公的サービスと税収等の対応関係が間接的・長期的であること、② 報告主体概念が明瞭でないこと、③ 組織規模が大きく管理可能性のレベルが異なることをあげている。

2. 公的部門の財務報告の目的

公的部門の財務報告の目的について、主要な政府会計基準設定の考え方をもとに、企業会計と公会計の相違点を検討する。

2-1. GASBとFASAB

財務報告の目的に関する公会計の概念フレームワークとしては、GASBから発表されたものが先駆的である。GASB［1987］では、財務報告の目的は利用者が下記のことを査定するための情報を提供することとしている。

財務報告書の主たる利用者として、以下の３つのグループが存在するとしている（para.31）。

① 政府が第１義的な説明責任を有するグループ（市民）
② 市民を直接的に代表するグループ（立法機関及び監督機関）
③ 融資を行うグループ（投資家及び与信者）

である。GASBでは、政府の説明責任を重視している。説明責任とは、政府におけるすべての財務報告の基礎である。政府は説明責任にもとづき、市民に対して、公的資源の調達と利用目的について弁明しなければならない。政府の説明責任は、市民の「知る権利」という信念にもとづいている。「知る権利」とは、市民とその選ばれた代表による開かれた議論につながるように、包み隠さず言明された事実を受け取る権利である（para.56）。

そのうえで、財務報告は、利用者が、政府の説明責任を査定し、経済的、社会的、政治的意思決定を行うのに役立つ情報を提供するべきである。財務報告の基本目的として以下のことをあげている（paras.76-79）

① 公的説明責任の履行義務に関して、期間衡平性（当該年度の収入が当該年度のサービスを賄うのに十分であったか）、予算準拠性、サービス提供の努力・コスト・成果を査定すること。

② 活動成果に関して、資源の調達と使途、財政状態の善し悪しを評価すること。

③ サービス水準と債務支払能力に関して、財政状態と財務業績を評価すること。

米国の連邦政府会計基準諮問委員会（FASAB）の概念フレームワークでは、次のような目的があげられている（FASAB［1993］）。

> 「財務報告の基本目的は、連邦政府が、説明責任を明らかにし、有用な情報を提供し、内部利用者が管理の改善に役立てることである（para.3）。
>
> 利用者には、市民、議会、行政官、プログラム管理者が含まれる。財務報告の基本目的は、利用者が下記の政府活動の査定を行うことを支援するものである（para.11）。
>
> ① 予算準拠性
> ② 事業遂行（サービス提供の努力・コスト・成果）
> ③ 受託責任（財政状態の変動と今後の予測）
> ④ システムとコントロール（財産管理システム、内部会計・統制の妥当性)」

以上のように、GASB も FASAB も、財務報告の目的として公的な説明責任を置いていることが特徴的である。

2-2. IPSASB

IPSASB では、「コンサルテーション・ペーパー "公的部門の主体の一般目的財務報告の概念フレームワーク：役割・権限及び範囲、目的及び利用者、質的特徴及び報告主体"」（IPSASB［2008］）を公表している。その後、IPSASB［2014］「概念フレームワーク」が公表されているが、内容的な変更はない。IPSASB［2014］では、財務報告の利用者と目的について、

次のように述べている。

　「財務報告の目的は、利用者が説明責任を査定するために、また、資
　源配分に関する意思決定や政治的・社会的な意思決定を行うために、
　有用な情報を提供することであるとしている（para.2.1）。そして、
　利用者を 3 つのグループにまとめている（para.2.3）。
　① 　サービス受益者及びその代表
　② 　資源提供者及びその代表
　③ 　特定利害関係集団及びその代表者・関係者

　そのうえで、財務報告の目的は、財務報告書の利用者に有用な情報を提
供することであり、財務報告書は、利用者が、政府の説明責任の履行の評
価と、資源配分、政治的、社会的な意思決定を行うことを支援するもので
なければならない。

　財務報告の目的は、財務報告書の利用者及び彼らの情報ニーズによって
決定されるとして、その情報ニーズには次のことがある（para.2.12）。

　① 　主体は資源を経済的に、効率的に、効果的に、また、企図された
　　　ように使用したか、及びそれらの使用は彼らの利益になっている
　　　か。
　② 　報告期間中に提供されたサービスの範囲、量及びコストはどうか、
　　　及びコスト・リカバリーの金額と調達源は適切か。
　③ 　現在の税収又はその他の手数料のレベルは現在において提供され
　　　ているサービスの量と質を維持するために十分であるか。

　サービス受領者及び資源提供者は、以下のような事柄の評価を裏付ける
情報を必要とする。（para.2.11）

　① 　報告期間の主体の業績。サービスの提供、運営、財務上の目的の

53

達成など。

② 主体の流動性（現在債務を履行できる能力）及び支払能力（長期にわたる義務履行能力）

③ 長期にわたる主体のサービス提供及び運営の持続可能性。

財務能力（継続的な資金調達をする）。

運営能力（利用可能な物理的資源を管理する）。

④ 人口統計の変化、景気変動等の変化に適応する能力

　また、利用者主体の予測される将来のサービス提供活動と目的、及びそれらの活動を支えるために必要なコスト・リカバリーの金額と調達源についての情報も必要である。

　利用者の情報ニーズと財務報告の関係は図表2‐3に示されている。

図表2-3　利用者の情報ニーズ

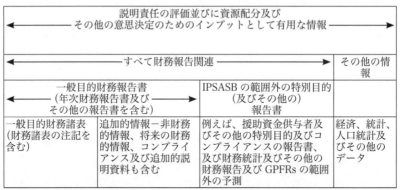

（出典：IPSASB [2008: para.1.14]）
（注）財務諸表は、歴史的情報、将来的情報、あるいは、歴史的情報と将来的情報の双方によって構成される。また、財務報告には、財務諸表の範囲外である追加的情報として将来へ向けた財務及びその他の情報を含む（para.1.15）。

2-3. 企業会計の財務報告の目的との比較

　公会計の財務報告の目的は、企業会計と同様に、利用者（住民等）に対する説明責任と意思決定に有用な情報を提供することである。そのために

必要な情報としては、①政府のもつ経済的資源、政府等に対する請求権、②行政の責任者が政府の資源を利用するという義務をどのように効率的にかつ効果的に遂行したかを、利用者（住民等）が査定するのに役に立つ情報である。

　さらに、公会計の特徴として、③公的説明責任の履行義務に関して、期間衡平性（現在の税収等の収入は現在において提供されているサービスの量と質を維持するために十分であるか）、予算準拠性、サービス提供の努力・コスト・成果を査定すること、④予測される将来のサービス提供活動と目的、及びそれらの活動を支えるために必要なコスト・リカバリーの金額と調達源（納税負担）についての情報が必要とされる。

　住民等は、財務報告をとおして、政府の業績を査定して、将来のサービ

図表2-4　公会計の財務報告の目的

	企業会計	公会計
財務報告の目的	会計は経済活動を行う組織体の活動を認識・測定・伝達するための仕組み。経済活動に関するフローとストックの情報を提供する。その情報を用いて意思決定する利用者が存在する。利用者に対する説明責任と意思決定に有用な情報を提供する。	
必要とされる財務情報	①企業の経済的資源、企業に対する請求権 ②経営者が企業の資源を利用するという義務をどのように効率的にかつ効果的に遂行したか	
		③公的説明責任の履行義務に関して、期間衡平性、予算準拠性、サービス提供の努力・コスト・成果を査定すること。 ④予測される将来のサービス提供活動と目的、その活動を支えるために必要な金額と調達源についての情報。
主な利用者	投資家等（現在及び潜在的投資家、貸手、その他の債権者）	住民（資源提供者、サービス受益者、主権者）、議会、与信者等
意思決定の内容	財政状態及び財務業績の評価	
	企業の将来のネット・キャッシュ・フローの予測を評価する情報をもとに、投資に対するリターンへの期待に基づいて投資の意思決定を行う。	住民にとって、将来にわたって公的サービスを提供するコストが現在の時点でどのくらいの価値があり、そのために将来の税負担はどのくらいになるのかを推定し、政策選択を行う。

（出典：筆者作成）

ス提供能力と将来の税負担を評価し、政策選択の意思決定を行うことができる。企業会計では将来キャッシュフローの予測により企業価値(純資産)を評価し投資の意思決定を行うが、それとは対照的に、公会計では、財政状態や財務業績の評価に加えて、将来にわたりサービス提供を継続した場合の住民の税負担（純負債）を評価することにより、政策選択を行うことが可能になる。この点に、公会計の目的と情報の特徴があると考える。

　以上のことをまとめると図表2-4のようになる。

3. 説明責任と意思決定有用性

　企業会計においては、会計の目的は利用者の経済的な意思決定の有用性に重心が置かれている。これに対して、公会計においては、GASB、FASAB、IPSASB の概念フレームワークに見られるように公的説明責任と意思決定有用性が同等のものとして置かれている。

　企業の目的は株主価値を最大化することであり、したがって、企業の財務報告の基本目的は、現在及び将来の投資家、与信者、その他の情報利用者が、合理的な投資、与信等の意思決定を行うにあたって有用な情報を提供することである。このような意思決定アプローチはアメリカ会計学会（American Accounting Association: AAA）によって公表された AAA [1966] 以来長い歴史を有している。そのために、企業の利益の要因、すなわち、経済的資源、それに対する請求権、それに変動をもたらす取引、事象、環境要因に関する情報を提供しなければならないとしている。

　このような会計の意思決定有用性に対して、井尻 [1976: pp.48-51] は、会計の根底にある目的に会計責任があると述べている。もともと会計責任は、それを履行する義務を負う者とその履行による利益を享受する権利をもつ者との、2つの相対する関係から生じる。会計責任の関係は、履行者にその行動や行動から生じる結果について受益者に対して釈明することを要求するものである。会計責任にもとづいた会計の考え方は、規則適法をもとにした伝統的な保管者会計のみならず、効率と効果を重視する近代的

な業績を含むものであり、さらに、将来行おうとしている行為についても前もって釈明する責任がある場合には、その予定行為とその結果の予測（例えば、予算、投資計画、予測財務諸表等）について報告することも含めて考えることができるものである。

　井尻の会計責任論は、企業会計における考え方であるが、政府における公的な説明責任論に通じるものがあると考える。現代の企業会計における目的は、意思決定有用性が定説になっているが、学説的には、井尻のいうような会計責任が存在することは公的部門の会計の目的を考えるときに示唆を与えていると考える。

4. 小括

　公的部門における説明責任は、納税者やサービス受益者に対するものであり、企業会計の説明責任（会計責任）よりも範囲が広いものであり、同等なものではない。例えば、IPSASB［2014］の利用者のニーズにあるように、財務報告には、財務諸表の範囲外である追加的情報として将来へ向けた財務及びその他の情報を含むものである。公会計においては、意思決定有用性だけではなく説明責任の概念で解釈すると、会計基準の意味をよりよく理解できると考える。

　GASB や FASAB は、企業会計の意思決定有用性アプローチのように、代表的な利用者を想定するという集約的アプローチを目指したが、結果的には、多様な利用者（市民、議会、与信者等）とそれぞれのニーズを定義して、財務報告の目的を導き出すという多元的アプローチを採用している（Jones［2000］）。

　IPSASB［2008］の概念フレームワークでは、意思決定有用性から財務報告の目的を導き出す試みがなされており、財務報告の利用者を、市民や議会という概念ではなく、「資源の提供者」と「サービスの受益者」という概念に集約して、利用者ニーズを特定して財務報告の目的を導き出すという集約的なアプローチを採用している。その一方で、IPSASB では、意

思決定有用性と同様に、公的部門には説明責任があるということを述べており、政府には公的な説明責任が存在するということが共通の理解として存在することを示している。両者の関係性についての議論は特になされていないが、おそらく両者は同等であるという認識をもっていると考えられる。

　筆者は、公会計における意思決定アプローチは、財務報告の目的と会計基準の間に論理的な一貫性を与えることができるメリットがあると考える。しかしながら、公的部門の財務報告に求められる情報には、一般目的財務諸表に加えて、非財務情報や将来の財務情報など多くの追加的情報が含まれており、意思決定有用性だけでは十分な根拠を説明できない面がある。公的な説明責任という概念は、財務報告の範囲を曖昧にするという批判があるが、それでもなお、政府による国民や議会への説明責任という概念が根底に存在することが、財務報告の概念の特徴であると考える。

第3章

報告主体論とグループ報告

はじめに

　財務会計の報告主体をどのように定義するかは、公的部門の会計においても、企業会計と同様に重要な課題である。企業会計においては、会計主体論として議論されてきたところである。

　IPSASB［2014］「概念フレームワーク」では、「一般目的財務報告（General Purpose Financial Reports: GPFRs）を作成する公的部門の主体は報告主体である」、と定義されている。それ以上の積極的な定義はしていない。利用者ニーズがあれば報告主体となるという定義である。これは各国において法律等により報告主体が規定されているという状況を考慮して、IPSASB ではこのような定義をしているものである。

　公会計の報告主体には、外部報告の利用者ニーズに応える有用な情報提供という面とともに、国民・議会に対する公的な説明責任という面からも考慮しなければならない。説明責任の視点からは、報告主体の定義は議会統制の範囲をどのように考えるかによる。つまり、予算統制との関係をどこまで考慮するかが課題となる。例えば、報告主体の境界やグループ報告（連結財務諸表）の範囲については、英国や米国の公会計では、予算統制及びアカウンタビリティ概念が重視されている。

　本章では、報告主体論の前提として、企業観があることから、企業会計における企業観を概観した後、米国及び英国の公会計における報告主体の考え方を検討し、公会計の報告主体論について検討する。また、グループ報告（連結）の考え方と範囲について、企業会計の支配概念に対して、説明責任の考え方の有用性を検討する。

1. 公会計の報告主体論

1-1. IPSASBの報告主体論

　公的部門では、１つの政府が特定の活動に責任を有する省庁、部局、プログラムなどの多くの管理上の単位を通じて活動している。また、政府は、国民へのサービス提供を目的に独立した法人及びその他の主体を設立している。

　IPSASB［2014］「概念フレームワーク」では、「GPFRs を作成する公的部門の主体は、報告主体である」と説明している（para.4.1）。それ以上の定義はしていない。IPSASB では、どの政府又はその他の公的部門の主体が報告主体あるいはグループ報告主体として識別すべきかについて特定していないが、その理由としては、報告主体は、国や地方の法令等に規定されることに留意したためである。（BC.4.3）。

　しかしながら、報告主体の重要な特徴は識別している。それは、説明責任又は意思決定目的で特定の政府組織、プログラム又はその他の識別可能な活動体について、GPFRs に依存するサービス受益者又は資源提供者が存在するということである（para.4.3）。また、報告主体は、独立した法律上の独自性又は当事者能力（法的アイデンティティ）を有する場合もあるし、有しない場合もある（para.4.11）としている。

　次に、グループ報告主体について、IPSAS「第１号『財務諸表の表示』」（IPSASB［2007］）では、経済主体（economic entity）という用語を支配主体と被支配主体からなる主体のグループ（a group of entities comprising the controlling entity and controlled entities）と定義している（para.8）。これに対して、IPSASB［2010d］「概念フレームワークの公開草案」では、報告主体（reporting entity）及びグループ報告主体（group reporting entity）という用語を使用して、報告主体の種類をより明確にしようとしている（BC.4.9）。

　公開草案では、グループ報告の範囲に含めるかどうかについての原則を以下のように述べている（ para.4.7）。

① 1つ以上の主体の活動から便益を受けるようにその活動を指示する権限及び能力（the authority and capacity）を有している。

② 財務的な負担あるいは損失の危険性（financial burden or loss）にもさらされている。

IPSASB は、概念フレームワークの公開草案の中で、グループ主体の特徴として、支配基準（conrol basis）、説明責任基準（accountability basis)、監督及び実質的影響力（oversight ad substantial influence）等の基準を検討したが、概念フレームワークでは原則的な考え方を示すにとどめることにしたとしている（BC.4.10）。

そのうえで、概念フレームワークでは、グループ報告の範囲は、「他の主体の活動を指図する権限及び能力」と「便益を受ける能力、又は財務上の負担又は損失にさらされる可能性」という2つ規準を示している（BC.4.11）。

その後、公表された IPSASB［2014］「概念フレームワーク」においては、これ以上の議論はされず、詳細は基準レベルで全面的に検討されることになった（BC.4.10）。

1-2. IASBの企業観と報告主体論

本章では、公的部門の報告主体論を検討するために、その前提となっている企業会計の企業観について、IASB の企業観を取り上げて歴史的な展開と意義を検討し、企業会計における会計主体論の諸説を検討する。その後、公会計の報告主体論について英国や米国の公会計を手掛かりにして検討する。

企業会計において、IASB［2018］「概念フレームワーク」では、一般目的財務報告の目的は、企業の財政状態に関する情報を資本提供者（capital providers）に提供することとされている。資本提供者とは、株式投資家、貸付者、その他債権者を含むものである。この考え方の背景に

ある企業観としては、いわゆる企業体説（entity perspective）が採用されている。そのうえで、必要に応じて、資本提供者の一部である親会社の株主にとって有用な情報も提供することができるとしている。

　IASB［2008a］の公開草案では、「財務報告の目的」について、当審議会は、企業の財務報告が、企業の所有者や特定のクラスの所有者の視点（親会社説）ではなく、企業体の視点（企業体説）から作成されるべきであると決定したと述べている。このことは、企業会計における企業観が、親会社説から企業体説（経済的単一説）へ移行したといえる。

　IASB によれば、一般目的財務報告により提供される情報は、すべての資本提供者のニーズにフォーカスしており、特定のグループ（株主）の視点ではなく、企業体の視点を反映するものである。企業は、その資源への請求権と引き換えに資本提供者から経済資源を得る。財務報告は、企業体の経済資源（資産）とその資源に対する請求権（負債と資本）の情報を提供しなければならない。

　一般的に、企業体説のもとでは、報告主体は、所有者とは別に、それ自体が実体をもっているとみなされる。資本提供者から提供された経済的資源は、その企業の資源となり、資本提供者の資源ではなくなる。提供された資源の交換において、資本提供者は報告企業の経済資源に対する請求権を付与される。異なる資本提供者の請求権は、報告企業に対して異なる優先順位や権利をもっている。したがって、企業体説に基づく財務報告は、企業の経済資源と、資本提供者による資源に対する請求権を報告するものである。

　これとは対照的に、親会社説のもとでは、報告企業は、所有者やオーナーから離れてそれ自体の実体をもつものではない。株式資本の提供者の資源は、企業の資源とはならない。貸出者やその他の債権者は企業所有者に対して資源を提供する。言い換えれば、貸出者やその他の債権者の請求権は、所有者持分を減少させる。親会社説に基づく財務報告は、企業における所有者の資産と、所有者の貸出者やその他債権者への負債、所有者の残余持分を報告するものである。

親会社説の根源は、ほとんどのビジネスが単独の所有者やパートナーシップにより経営されていた時代にある。所有者による経営では、ビジネスに伴う負債を無制限に負っており、ビジネスは所有者から分離された実体がない。時代の進展とともに、ビジネスの所有とビジネスそのものの分離が進んできた。現代のビジネスでは、所有者は企業を経営することはしないで、経営者を雇う。財務報告の目的に焦点が当たるような多くの現代的な企業は、法的な実体を有し、資本提供者は限定された法的債務を負い、プロフェッショナルな経営者が資本提供者とは分離されている。

　このような状況を踏まえて、IASB は、企業体説のほうが、親会社説に比べて、今日のビジネスの実体により適合しているとしている。それでも、制度会計上は、親会社説にもとづく会計基準が多く適用されているということに留意しておくことは必要であろう。一般的に、企業観とは企業の見方に関する考え方であり、報告主体論と明確な関連性があるわけではないが、背景として理解することは意味があると考える。

　次に、報告主体の定義についてみていく。

　IASB 概念フレームワーク［1989］では、報告企業とは、「企業に関する財務情報の主要な源泉として財務諸表に依存する利用者が存在する企業である」(para.8) としている。

　また、連結の範囲については、IASB は、ディスカッション・ペーパー「財務報告のための改善された概念フレームワークに関する予備的見解 - 報告主体」(IASB［2008b］) では、グループ報告主体の構成は、支配に基づくべきであり、支配主体モデルを、グループの構成を決定するための主要な基礎として使用すべきであると提案している。次のような支配の仮定義を識別している。

　主体の支配は、ある主体の財務上及び活動上の方針を、当該主体からの便益を利用し（又は損失の発生を減少させる）、それらの便益の程度を増加させ、維持し、かつ防御（又はそれらの損失を減少させる）するために指図する能力である。その後、IASB は、2010 年 3 月に公開草案「財務報告の概念フレームワーク - 報告企業」(IASB［2010］) を発行し、2018

年に改訂版の概念フレームワークが承認されている（IASB［2018］）が、詳細は基準レベルで全面的に検討されることになった。

1-3. 企業会計における会計主体論の諸説

本項では、企業観と会計主体論の学説について検討して、その後、公的部門の報告主体論を検討する。なお、本書では、企業会計の会計主体論という用語に対して、報告主体論という用語を使用している。

新井［1978: pp.208-220］は、企業をどのようにみるかという「企業観」と、これと関連して、会計の指導理念やその判断の基礎を求めていこうとするときに、会計主体論が生まれてくると述べている。主な会計主体論として以下のものをあげている。

① 資本主理論（proprietorship theory, proprietor theory）
② 代理人理論（agency theory）
③ 企業主体理論（entity theory）
④ 企業体理論（enterprise theory）
⑤ 資金理論（fund theory）

新井［1978］によれば、大部分の会計主体論が企業観から出発している。資本主理論と代理人理論は、企業と資本主の関係を重視する主体論であり、企業主体理論と企業体理論は、資本主と別個の企業自体の存在を認める主体論である。他の 2 者はこのような企業観と異なった非人格的または中立的な主体論を採っている。これらの主体論の違いは、企業会計の理論を形成するための現実的な基礎となる企業そのものの見方の相違であり、理論形成の立場の相違であるといえる。したがって、このような主体論のうちいずれが妥当なものであるかは、現実の企業に照らしてみて、いずれの主体論の企業観が現実に即しているかどうか、及びそれぞれの企業観にもとづく理論体系がどれだけ首尾一貫したものとなりうるかどうかによって判定されることになるだろう。しかしながら、このような判定は、

事実認識であり、決定的な判定を下すのは不可能であろう。歴史的にみて、会計主体論は、資本主理論から企業主体理論へと発展してきていることは明らかである。さらに、各種利害関係者の利害から中立的な主体論が現れてきたとしている。

　また、青柳［1982, pp.91-110］は、会計主体論の概要として、以下の4つをあげている。

①　資本主理論（proprietary theory）
②　企業主体理論（entity theory）
③　管理者理論（commander theory）
④　資金理論（fund theory）

　青柳の分類と新井の分類はほぼ同様であるが、両者の相違点として、新井は、企業体理論（enterprise theory）をあげている。企業体理論とは、企業主体理論（entity theory）のように、企業を資本主とは別個独立なものと考えながらも、企業体そのものの社会性や公共性を認めて、企業を社会的制度とみる企業観を土台にしている。これは、企業が社会的な性格を帯びてきたという事実を考えると、この企業観の妥当性が認められるものの、すべての会社が社会的な制度であるとは言い切れない。この主体論は、社会制度としての企業のあり方、企業会計のあり方という理念的な要素が入っていると批判されている。この主体論の特徴として、企業は永続的な生産経済体としての性格をもっているとされる。

　これに対して、田中［1996: pp.14-24］は、損益計算の構造から見たとき、会計主体論は、取引分類の問題であり、損益領域として相対的な意味しかもっていないとしている。その典型的なものとして、以下のものをあげている。

①　企業自体利益
②　所有主利益

③　投資者利益

④　付加価値利益

　企業自体利益では、企業実体をあらゆる利害関係者集団から独立して存在するものと見るもので、ここでは、所有主、債権者、従業員、政府、仕入先、得意先などの諸集団は、すべて外部の取引当事者となり、損益関連領域に位置付けられる。

　所有主利益では、所有主集団を損益主体と見る。当集団と企業の間の取引、例えば、出資、減資、利益配当等は損益を生まないものとみなされる。所有主以外の利害関係者との取引は損益領域に含まれる。伝統的な利益概念である。

　投資者利益は、所有主と債権者を含む広い意味で用いている。所有主と債権者が企業への投資家としてみなされて、債権者への支払利息も利益分配とみなされる。投資者利益は所有主利益を内包しているといえる。

　付加価値利益は、所有主、債権者、従業員、政府を損益主体に取り込んだものである。付加価値は、企業が他の企業から買い入れた価値に、その生産過程を通じて新たに付加した価値増加分を意味する。企業が国民的所得の増大に貢献した価値増加分である。それは、労働収益、公共収益、資本収益等として分配される。

図表3-1　企業観と報告主体論

企業観	報告主体論	損益計算の構造
企業と資本主の関係の視点	資本主理論 代理人理論	所有主利益
企業自体の存在の視点	企業主体理論 企業体理論	企業自体利益 投資者利益 付加価値利益
非人格的、中立的な視点	管理者理論 （コマンダー理論） 資金理論	

（出典：筆者作成）

このように分類したうえで、田中は、伝統的な所有主理論を基礎において損益計算の構造を考察している。その理由として、所有主理論を前提としたほうが種々の問題を処理しやすいことと、他の損益領域の利益概念に移行するのは容易に可能であるからとしている。

　図式的ではあるが、以上をまとめると図表3-1のようになる。

1-4. 公会計における報告主体論の諸説

　公会計における報告主体論について、Jones［2000: pp.112-130］は、次のものをあげている。

① 資本主理論（proprietary theory）
② 企業主体理論（entity theory）
③ 資金理論（fund theory）
④ 管理者理論（commander theory）

　政府等の公的部門における特徴として、株主や出資者に相当する者は存在していないことがある。また、多大な資本資産を有し住民サービスの継続的な提供を行う責務がある。

　その意味では、企業会計と公会計の企業観と報告主体論は同じものではないが、資本主を住民に置き換えて、企業を政府に置き換えると、資本主理論と企業主体理論は、公会計においても共通である。

　公会計において一般的に普及している報告主体は、予算の単位であり、報告主体論としては資金理論と管理者理論が該当する。

　資金理論では、報告単位がファンドとして定義される。組織が1つのファンドあるいは一連のファンドとみなすことができる。もし組織が一連のファンドとみなされていれば、組織の財務報告が、構成するファンドの財務報告諸表の集合体になることを意味する。ファンドが誰のものか、また、それらがどこの領域をカバーするかに関する決定は人為的になされることになる。ファンドの最も一般に引用される定義は、GASB に見ること

ができる。GASBでは、現金及び他の財源すべてを合わせて記録する自動
均衡の勘定セットを備えた会計は、特別の統制、制限あるいは期限に従っ
て、特定の活動を営むか、または、ある目標を達成するかといった目的に
よって分離される。ファンド会計は、州・地方自治体を写し出す装置であ
りえる。このように資金理論は、報告単位を定義する柔軟性をもっている。

　これに対して、管理者理論は、一連のファンドの点からではなく一連の
責任センターの点から組織を見るという点で資金理論の変形である。責任
センターはそれぞれマネージャー（「管理者」）によってコントロールされ、
マネージャーはそれぞれ部隊の性能に責任を負う。したがって、管理者理
論の下では、財務報告は、各責任センターのすべての財務管理及び業績報
告書の集合体である。それは特定の焦点を提供し、組織に課せられた仕事
を執行するような官僚制に容易に当てはまる。ファンドが責任センターの
点から定義される場合、ファンドの視点と管理者の視点は一致する。

　英国や米国の公会計では、これらの視点を組み合わせた形を採用してい
る。その考え方の背景には、国民・議会に対する公的な説明責任という視
点があり、議会統制の範囲と密接に関連しており、予算統制との関係を考
慮することによって、報告主体の定義とグループ報告の範囲が決定されて
いるものである。しかしながら、資金理論や管理者理論では、政府の全体
としての財政状況や財務業績を適切に表すことができないという問題があ
る。

　このような報告主体論の中で、公会計の報告主体論としては、政府の説
明責任を査定するという目的があり、そのような住民の視点からは、資本
主理論が適している。そして、多様な債権者や取引先が存在することから、
そのような利害関係者の視点からは、政府自体がひとつの経営主体として
存在しているという企業主体理論が適していると考えることができる。

　さらに、政府・地方公共団体を社会制度的な存在としてみると、報告主
体論としては企業体理論がある。これは社会会計につながるものであり、
公会計は、国民経済計算（SNA）との連携を視野に含まれているのが特
徴的である。田中［1996］のいう付加価値利益は企業会計を対象として

いるが、社会全体を対象とした付加価値計算は社会会計である。

　中央政府と地方自治体をひとつの公的部門とみなして連結するという英国の WGA の視点や、社会全体の経済活動を捉える国民経済計算（SNA）の視点は、民間部門にはない視点であり、公会計が社会会計と関連しているという特徴を示すものである。

　筆者は、公的部門の企業観としては、政府をひとつの存在としてみる見方と、政府と住民の関係の視点との統合的な視点がふさわしいと考える。前者は、政府自体を経営主体としてみる視点であるが、後者は、政府には出資者は存在しないことから、主権者であり納税者であり受益者である住民の視点であり、非人格的、中立的、予算の視点である。

　公的部門の報告主体論としては、政府には多様な債権者や取引先が存在するという利害関係者の視点からは、政府自体がひとつの経営主体として存在しているという企業主体理論が適しており、同時に、政府の説明責任を査定するという住民の視点からは、代理人理論や管理者理論が適していると考える。このような複合的な面があることから、両者の統合的な視点がふさわしいと考える。

　そうではあるが、本書では、公会計の基礎的な概念を考えるうえでは、企業会計が前提としている資本主理論をもとに考察を進めることにする。

図表3-2　公的部門の会計の視点（企業観）と報告主体論

会計の視点	報告主体論
何が報告主体となるか	
住民（納税者・サービス受益者・政権選択者）の視点	資本主理論 代理人理論
政府自体（経営主体）の視点	企業主体理論
社会制度的の視点	企業体理論
非人格的、中立的、あるいは予算の視点	管理者理論（コマンダー理論） 資金理論
公会計と社会会計の関連性	
政府の公的部門全体の視点	公的部門（政府・地方政府）の連結（英国の WGA）
社会全体の視点	公的部門及び民間部門の社会会計（SNA）

（出典：筆者作成）

企業会計との共通性と公会計の特質を明らかにしながら、統合的な理念の可能性についても触れていきたい。

　以上のことをまとめると図表 3 - 2 のようになる。

2. 公会計におけるグループ報告の考え方と範囲について

　前項では、公会計の報告主体論について検討してきたが、本項では、公会計のグループ報告（連結）の考え方と範囲について検討する。

　公会計におけるグループ報告という概念は、企業会計の連結財務報告という概念と共通するものである。企業会計における連結の範囲の決定は支配基準がもとになっているが、公会計におけるグループ報告主体の範囲は、支配基準よりも、説明責任基準 、監督及び実質的影響力等の基準が適合する場合がある。また、グループ報告の表示については、連結だけでなく、併記方式などがあり、それぞれに有用性があると考える。

2-1. 公会計の連結の課題

　Jones［2010: pp.118-121］は、公会計における連結財務諸表に関して、企業会計とは次の 3 つの異なる局面があると述べている。

① 報告主体の境界

② 政府をひとつの報告主体としてみなす場合の省庁やエージェンシーの連結

③ 政府をひとつの報告主体としてみなす場合のファンド会計の連結

　それぞれの概要は以下のとおりである。

① 報告主体の境界

　どの主体が連結財務諸表に含まれるかという問題である。すなわち、連

結の範囲を決めるには、企業会計と同様に、報告主体が他の主体を支配している支配概念を適用することができるだろうか、という問題である。

　支配概念を適用する場合に、政府と営利企業との大きな相違点は、政府が他の主体と幅広い多様な組織的な関係を有していることである。また、政府は支配（control）という概念を異なった定義で利用していることがある。例えば、英国政府では、支配概念を企業会計よりもより狭い意味で使っている。それは、企業会計で使われている戦略的なコントロールという概念ではなくて、政府の予算を通したコントロールという狭い意味で使われている。この予算のコントロールの対象にならない主体は、多額の政府資金が流れていても省庁の連結から除外される。

② 政府をひとつの報告主体としてみなす場合の省庁やエージェンシーの連結

　政府の連結に関する問題である。すなわち、英国政府において、各省庁やエージェントは連結財務諸表を作成しているが、これらの省庁やエージェンシーは、ひとつの政府として、自らを含めた連結財務諸表を作成すべきであるか、という問題である。

　米国では、州・地方政府の単位で政府全体の財務諸表（Government-Wide Financial Statements）が作成されている。英国では、政府・地方政府を連結した WGA が作成されている。英国の WGA は、地方政府を含んでいるが、いくつかの国では、地方政府は、中央政府とは別の法的な団体である。また、中央政府と地方政府の連結には、理論的及び実務的な問題がある。例えば、各地方政府の会計基準の相違、予算システムの相違、政府財務統計（国家会計）との相違などがある。

③ 政府をひとつの報告主体としてみなす場合のファンド会計の連結

　ファンド会計の連結の問題である。ファンド会計は、資源のプールであり、会計システム上区分されて管理されている。ファンド会計が設定され

る理由は様々あるが、法的な要請に基づくことが多く、資金は拘束されて
いることが多い。ファンド会計の連結は、連結財務諸表というのではなく、
ひと組のファンド会計のセットとして、組織を表現しているというべきで
ある。

　このうち、③はファンド会計の合算の問題である。本章では、①と②を
中心に検討してきた。なお、英国の WGA の試みは、社会会計としての政
府財政統計や国民経済計算を補完して、より透明性を高めるものであるが、
組織の経営責任を表す会計とは区別しておく必要があると考える。

2-2.　IPSAS第35号「連結財務諸表」における連結の範囲

　IPSASB［2015］「第 35 号『連結財務諸表』」は、IFRS［2012］「第 10
号『連結財務諸表』」を基に改訂されている。基本的な考え方は、企業会
計の支配概念に基づいている。

　IPSAS35「連結財務諸表」では、主体は、他の主体への関与により生じ
る変動便益に対するエクスポージャー又は権利を有し、かつ他の主体に対
するパワーにより当該便益の内容及び金額に影響を及ぼす能力を有してい
る場合には、他の主体を支配しているとしている（19 項）。

　したがって、主体は、主体が次の各要素のすべてを有している場合にの
み、他の主体を支配している（20 項）。

(a)　他の主体に対するパワー

(b)　他の主体への関与により生じる変動便益に対するエクスポージャ
　　ー又は権利、及び

(c)　他の主体への関与から生じる便益の内容又は金額に影響を及ぼすよ
　　うに他の主体に対するパワーを用いる能力

　IFRS10 と比較すると、IPSAS35 の判断要素は、類似しているが、便益
は財務及び非財務を含む概念となっていることが異なる。IFRS10 では、
支配の概念は、下記の要件をすべて満たす場合に支配を有するものと判断

される。

(a) 投資先に対する力を有している
(b) 投資先への関与から生じる変動リターンにさらされている、又は、変動リターンに対する権利を有している
(c) 投資者のリターンの金額に影響を与えるような力を、被投資会社に対して行使することができる。

2-3. 英国の公会計の報告主体と連結の範囲

英国では、The Government Resources and Accounts Act 政府資源会計法（GRAA）2000 に基づき、財務省が Whole of Government Accounts（WGA）全政府会計を作成している。連結の対象は、

(a) 公的な性格（public nature）を有していることと、
(b) 主に税金（public money）によって資金調達を行っている

と判断されたエンティティ（報告主体）である。

また、同時に、the Office for National Statistics（ONS）国民統計局により、公的セクター（public sector）と定義されたエンティティが対象である。WGA の境界線（範囲）と、国民経済計算（national accounts）の境界線（範囲）を連携することのメリットは、財政状況を理解する道具として、WGA の有用性を向上させるものであるとしている。（WGA（2021）Note2 Critical accounting estimates and judgement, 2.1 WGA boundary）

WGA は、中央政府、地方政府、Non-Departmental Public Bodies 非省庁公共組織（NDPB s）、国営企業などが連結の対象になっている。財務省は、すべての政府レベルにおいて、より良い意思決定は、経済的なパフォーマンスを向上させ、納税者にとって便益をもたらすと述べている。そして、「純資産」のような政府の財政状態や財政指標を公表することは、

政府の財政政策への公的な関心や議論を喚起し、透明性とパブリック・アカウンタビリティを増進すると主張している。

このように、英国政府会計では、公的な性格、税金による資金調達という 2 つの条件に加えて、国民経済計算における分類として公的セクターという条件を付加することによって、連結財務諸表（WGA）が財政政策（財政規律）と国民経済計算にリンクしており、財政状況をよりわかりやすく説明することが可能であり、議会や国民に対する説明責任を果たしていると考える。

2-4. 米国の州・地方政府の連結の範囲

GASB [1999] 第 34 号「基本的財務諸表及び経営者による討議と分析」では、州・地方政府の全体の財務諸表とファンドの財務諸表は、異なる会計基準で報告されており、財務諸表に 2 つの説明責任の視点があるとしている。

それらは、「財政上の説明責任」と「事業上の説明責任」とに区別されている。

「財政上の説明責任」は、1 つの予算サイクルあるいは 2 年という短い期間における公金の徴収及び費消に関する責任である。これと対照的に、「事業上の説明責任」とは、どの程度事業目的が効率的かつ有効に遂行されているか、予知できる将来において、この目的を達成し続けうるかどうかについて説明する責任である。

この 2 つの責任を包括するかたちで、受託責任（スチュワードシップ）がある。それは、財務及び投資も含めてすべての資源の保全のみならず、それらの使用に係る規制への準拠性（財政上の説明責任）とともに、政府の行政目的を達成するために資源を効率的かつ有効的に使用すること（事業上の説明責任）も含むものである。このような 2 つの体系の情報を基本財務諸表として提供し、その差異の照合を示すことが、利用者に対して有意義な洞察と広い理解を可能とする。したがって、これに関する説明は「経営者による財務・運営成績の分析（MD&A）」においてなされなけれ

ばならないとされている。

次に、連結の範囲については、GASB [1991]「第14号『財務報告主体』」(The Financial Reporting Entity) が規定しているが、その考え方は説明責任論に基づいている。すなわち、財務報告の目的は、利用者が選挙で選ばれた首長のアカウンタビリティを評価するための基礎を提供することである。財務報告主体の定義は、選挙で選ばれた首長の活動成果の説明責任を果たすこと (accountable) である。公共サービスの提供は、選任された首長の責任であるから、すべての政府組織は執行責任がある。州・地方政府の財務報告は、その組織にとって首長の説明責任を果たすべきものであるとしている (para.10)。

連結財務諸表は、プライマリー政府 (primary government) と構成単位 (component units) を区別し、プライマリー政府と構成単位の内容との取引関係を情報として示すことで、利用者の有用性を高めている。これは、プライマリー政府と構成単位をひとつの法的な主体とみなすことよりも有用である。その目標を達成するために、報告主体の財務諸表は、プライマリー政府のファンド・タイプと会計グループを表示し（実質的に、プライマリー政府の一部とされている混合された blended 構成単位を含む）、区分表示された構成単位の全体像を提供するものである。したがって企業会計の連結とは異なるとしている (para.11)。

財務報告主体の定義 (para.12) では、財務報告主体は次のものすべてからなる。

① プライマリー政府 (the primary government)。プライマリー政府は、その法的主体を構築するすべての組織からなる。

② プライマリー政府が財政的な説明責任を果たすための組織 (organizations for which the primary government is financially accountable)。これらは構成要素のユニットとして知られている。

③ 他の組織 (other organizations)。これらの組織を排除すると会計主体の財務諸表の誤解を招きやすくさせるかまたは不完全にさせる

ようなことがあり、これらも構成要素のユニットとして知られている。

　構成単位の定義（para.20）では、構成単位は、法的には別の組織であるが、プライマリー政府の首長が財政的な説明責任を果たすべきものである。さらに、プライマリー政府との関係の実体や重要性から、この組織を財務報告から除くと誤解や不適正を招くおそれがあるものである。

　このように GASB では、支配概念ではなく、財政的な説明責任という概念により、法的には別の組織を報告主体の中に含めているものである。プライマリー政府は、議決権の過半数の支配している組織、意思を強制できる組織、特別な財務的な便益や負担を負う組織（構成単位）について、財政的な説明責任を負うという考え方である。

　グループ報告の表示としては、プライマリー政府と構成単位に区分して、併記方式を採用している。

2-5. 米国連邦政府の連結の範囲

　連邦政府においては、報告主体と連結の範囲について、アカウンタブル（説明責任）を基本にしている。FASAB の報告主体論では、連邦政府は、「連邦財務会計概念書第2号」（FASAB［1995］）において報告主体となる会計体を次の規準を満たすものと定義している（paras.40-45）。

①　資源を統制・配置し、成果を産出し、予算執行に責任を負い、かつ、会計実体の業績にアカウンタブルな経営組織が存在すること。
②　財務諸表が運営と財政状態に関する有意義な情報を提供すること。
③　資源配分等の意思決定を支援する財務諸表上の情報に関心をもつ利用者がいると見込まれること。

　米国連邦政府は、Statement of Federal Financial Accounting Standards（SFFAS）［2014］SFFAS47 Reporting Entity（報告主体）に基づき、連結

財務諸表（the U.S. government's Financial Report）を作成している。連結の対象は、次の３つの原則を満たす組織である（para.20-21）。

(a) In the Budget 政府から予算措置されている
(b) Majority Ownership Interest　政府によって所有されている
(c) Control with Risk of Loss or Expectation of Benefit　政府によって期待される便益あるいは損失のリスクがコントロールされている

これに加えて、上記３原則からはずれるが、もしも除外するとミスリードされるおそれがある場合には、対象とするとしている。

2-6. わが国公会計の連結の範囲

わが国の「国の財務書類」における連結の基本的な考え方は、「国の業務の独立行政法人等への移行が進められる中で、国と独立行政法人等を合わせたフローとストックの財務状況を把握するために、連結財務書類を活用すべきである」（財務省財政制度審議会、2006, p.5）としている。これを受けて、財務省「『国の財務書類』ガイドブック（令和３年１月）」（2020, p.35）では、「独立行政法人等を含めたところの財務情報の開示が必要である」としている。

連結の対象としては、「財政状況について国と一体として説明責任を果たす必要があると考えられる主体として、各省庁の業務と関連する事務・事業を実施している法人を連結」するとしている。つまり、特殊法人、認可法人、独立行政法人及び国立大学のうち、以下の要件を満たすものとしている。

(a) 国から監督を受け、かつ、
(b) 財政支出を受けていること。

このように国の財務書類においては、業務関連基準を採用している。業

務関連基準とは、国による監督と予算支出による管理という概念である。

　連結に際しては、本来であれば会計処理の基準を統一することが望ましいと考えられるが、事務負担等の観点から困難であるため、基本的には、独立行政法人等の既存の財務諸表を利用し、独立行政法人等に固有の会計処理について、連結に際して必要な修正を行ったうえで連結することとしている。

　連結財務書類の位置付けについては、省庁別財務書類が、予算執行の効率化・適正化等の目的のために作成されるものであることから、国の会計の財務書類を基本とすべきこと、また、連結に際しては国と独立行政法人等との会計処理統一の困難性等の技術的な問題が存在していることなどから、連結財務書類は参考情報として位置付けられている。

　地方公共団体については、総務省の統一的な基準では、連結財務書類の目的として、地方公共団体とその関係団体を連結してひとつの「行政サービス実施主体」として捉え、公的資金等によって形成された資産の状況、その財源とされた負債・純資産の状況さらには行政サービス提供に要したコストや資金収支の状況などを総合的に明らかにすることとしている。

　地方公共団体と連携協力して行政サービスを実施している関係団体に該当するか否かで連結の対象となるかどうかを判断する。判断基準としては、

図表3-3　連結の範囲の比較

国の財務書類	英国政府会計	米国政府会計	国際公会計基準
(a)国からの監督	(a) 公的な性格(public nature)	(a) In the Budget 政府から予算措置	(a) 他の主体に対するパワー
(b) 財政支出を受けている	(b) 主に税金(public money)による資金調達	(b)Majority Owner-ship Interest　政府による所有	(b) 他の主体への関与により生じる変動便益に対するエクスポージャー又は権利
	(c) 国民統計局(ONS)による分類が公的セクター (public sector)	(c) Control with Risk of Loss or Ex-pectation of Benefit 政府によって期待される便益あるいは損失のリスクのコントロール	(c) 他の主体への関与から生じる便益の内容又は金額に影響を及ぼすように他の主体に対するパワーを用いる能力

(出典：筆者作成)

地方公共団体が実質的に支配している（出資割合が50％以上など）又は
影響力を有している（出資比率が25％以上など）団体を対象にしている。
具体的には、一般会計と公営事業会計以外の特別会計、すべての公営事業
会計、地方公共団体の関与の下で、密接な関連を有する業務を行っている
地方独立行政法人、一部事務組合・広域連合、地方三公社、第3セクター
等を連結対象としている。

3. 小括

公会計の報告主体論に関して、その前提となる企業観には、政府と住民
の関係の視点と政府をひとつの存在としてみる視点があり、それぞれに企
業会計でいう資本主理論、企業主体理論が共通なものとして対応すると考
える。

公的部門では、そもそも出資者（株主）が存在しないことから、企業観
としては、企業体理論が適合するといえるが、政府の説明責任を査定する
という目的からは、政府と住民の関係の視点から、代理人論や管理者理論
が適合するといえる。したがって、両者を統合したものがふさわしいと考
える。また、企業体理論は、国民経済計算などの社会会計につながるもの
である。

企業会計では、複数の経済主体を単一のグループとみなして財務業績を
報告することが、投資家の意思決定に有用であるとされており、連結財務
諸表が財務報告の中心になっている。そして、連結の範囲を決定するのは
支配概念であり、支配概念は株式の所有や経営への影響力である。

これに対して、公会計において、連結財務諸表の必要性についてのコン
センサスは、営利部門ほど強くはない。例えば、国債や地方債の保有者は、
必ずしも政府全体の連結財務諸表を必要とはしていないだろう。しかしな
がら、政府・地方政府の活動の全体を表す財務報告は、説明責任を果たす
うえで必要であり、意思決定にも有用である。

その場合、公会計のグループ報告の範囲には、議会（予算）のコントロ

ールという考え方が有用である。財務報告の比較可能性を考慮すると、各国とも同じ概念で連結範囲を決定するべきであるといえるが、国民・議会への説明責任を果たすという公会計の財務報告の目的からは、予算や財政規律との関係から説明できることが必要である。

　グループ報告の表示としては、連結だけでなく、結合、併記等があり、それぞれに有用性があると考える。

●第**4**章●

公会計の財務業績概念

はじめに

　企業会計における利益計算の構造については、会計主体、利益計算、資本維持概念、資産評価基準などの課題について、統一的な理論の構築に向けて様々な研究がなされている。

　本章では、企業会計における損益計算の構造に関する研究を手掛かりにして、公会計における構造論に向けて、財務業績概念、財務業績計算、資本概念と資産評価基準について考察する。財務業績の意味については、財務業績の測定に関する2つの視点をもとに検討し、その後、公会計における財務業績計算の構造、公会計に適合する資本概念と資産評価基準の組み合わせを検討する。

1. 公会計における財務業績の考え方

　IPSASB［2014］「概念フレームワーク」によれば、政府等の公的部門は、納税者、サービス利用者及びその他の資源提供者から資源を調達し、多様な社会的及び経済的目的のため市民及びその他のサービス受領者へサービスを提供する。したがって、政府は、資源を提供する者に対し、また、必要なサービスを受益する者に対して説明責任を有する。政府は、説明責任目的及び意思決定目的のため利用者の情報ニーズを満たすため、財務諸表は財政状態と財務業績の双方について次の情報を提供しなければならない。

① 報告期間中に政府によって調達された資源の金額と種類、将来の活動をサポートするために利用可能な資源及び将来支払うべき債務

② 報告期間中にサービスを提供するために使用された資源の金額と種類、資本資産の取得、負債の返済額またはその他の支払額

　また、財務諸表の利用者は、政府の経営者の財務業績に対して関心をもっており、財務業績報告書は、政府の資源要請額、資源が使用された目的、及び収益獲得活動の内容と範囲の査定を促進する。当期の純余剰は、収益が当期間中に発生したコストを満たすのに十分であったかどうかの尺度を提供するものである。

　IPSASB［2010b］では、財務業績が何を意味するかについて２つの異なるアプローチが存在するとしている。すなわち、収益費用アプローチ（revenue and expense-led approach）と資産負債アプローチ（asset and liability-led approach）である（paras.4.1-26）。

　前者のアプローチは、財務業績を当期の活動に密接に関連する収益のインフローと費用のアウトフローの結果（収益費用アプローチ）として測定するものであり、後者のアプローチは、財務業績を報告期間中の主体の資源と債務のすべての変動の正味の結果（資産負債アプローチ）として測定するものである。

　それぞれの特徴は次のとおりである。

① 収益費用アプローチ

　収益費用アプローチでは、財務業績は、当期の活動に直接関連するフローを基にして測定される。これには、財政状態報告書でいくつかのフローの繰延と繰延項目の認識（繰延インフローと繰延アウトフロー）を必要とする。このアプローチは、会計がインフローとアウトフローを特定の期間に配分するプロセスであるとみる。このようなシステムの主要なビルディング・ブロックは、資源及び債務ではなく、事象、取引及びそれらが引き起こす資源のフローである。

　収益費用アプローチの公的部門における適用は、サービスのコストをそのサービスが提供される期間に帰属させ、また、税金又はその他の収益を

その関連するコストを賄うことを企図した期間に帰属させる。その結果、財務諸表の利用者は、当期間に認識された税金及びその他の収益が、当該期間中のプログラム及びサービスの提供のために認識されたコストを賄うのに十分であったかどうかを評価することができる。

　収益費用アプローチの背景にある考え方は、財政運営の基本であり、それは、納税者が受領するサービスに対してのみ納税し、債務を将来の納税者へ転嫁しないという、均衡予算主義の原則である。公的部門の主体は収益の確保とその使途に対して説明責任を有しており、これを財務業績の基本的な指標として評価することが有用である。収益費用アプローチはこれらの側面により良く適合するとしている。これは、GASB の概念フレームワークで主張されている期間負担の衡平性という思考に現れている。

② 　資産負債アプローチ
　資産負債アプローチでは、資産と負債は、基本的に資源と債務として最初に識別され定義される。収益と費用は、その後に、資産と負債の変動の結果として定義される。実際に、資産は、負債が資産に対する請求権と関連して定義されるため、すべてのその他の要素を決定する出発点となる。資産負債アプローチでは、財務業績は、報告期間を通じた純資産の変動としてみられるため、財務報告期間に認識された純資源の増加または減少を表示するすべての項目を含む。そのため、資産と負債はこのようなシステムの主要なビルディング・ブロックであり、資源と債務の観点、つまり実体的な経済的事象の観点から定義される。その結果、収益と費用は、純資源の変動という観点から定義される。

　資産・負債アプローチの背景にある考え方は、財務業績の測定は実質的な経済的事象に根拠を置くべきであるというものである。資産と負債は、直接的に観察し、検証することができる資源と債務を表象する。財務報告期間における純資源の変動を表示するすべての項目は、情報の高度な信頼性、理解可能性、首尾一貫性、及び比較可能性を確実にして、説明責任の評価を行うために目的適合性がある。資産と負債のすべての変動を１つ

の報告書に含め、また、純資産の変動の説明を 1 つの「ボトムライン」
にまとめるため、財政状態に影響を与える取引及び事象が、財務業績上、
どの特定の期間の測定に含まれ、または除外されているかについて決定す
る判断を要しない。また、将来のサービスを提供するために利用可能な物
的資産及び将来に決済されるべき債務など、公的部門の主体の資源に重点
を置く必要性は、資産負債アプローチを採用することをサポートするもの
である。

　以上のことをまとめると図表 4 -1 のようになる。

図表 4 -1　公的部門の財務業績の測定

	資産負債アプローチ	収益費用アプローチ
財務業績	報告期間中の主体の資源と債務のすべての変動の正味の結果として測定する。	財務業績を当期の活動に密接に関連する収益のインフローと費用のアウトフローの結果として測定する。
財政状態報告書	繰延勘定は計上されない。	フローの繰延と繰延項目の認識（繰延インフローと繰延アウトフロー）を必要とする。
財務業績の意味	報告期間を通じた純資産の変動としてみる。資源と債務の観点、つまり実質的な経済的事象の観点から定義される。	財務諸表の利用者は、期間衡平性（当期間に認識された税金及びその他の収益が、当該期間中のプログラム及びサービスの提供のために認識されたコストを賄うのに十分であったかどうか）を評価することができる。均衡予算主義との関係性が理解しやすい。

（出典：筆者作成）

　冨塚［2008］は、企業会計において、しばしば収益費用観から資産負債
観への移行が強調されるが、この 2 つの概念は、単に対立もしくは併存
といった関係だけではなく、期中の増減を捉えることを尊重するという共
通意識が浮き彫りになり、それは「企業実態観」に帰着すると述べている。
　筆者は、政府等の公的部門における経済的実態を考えるとき、その固有
な特徴は、議会（住民代表）と行政という統治形態の中で、納税者、サー
ビス利用者等の資源提供者から資源を調達し、多様な社会的及び経済的目
的のため住民等のサービス受領者へサービスを提供することである。資源
の調達と配分は財政（予算）という枠組みの中で、集権的に行われる。そ
のような公的部門の財務報告の目的として、均衡予算制度と関連して、期

間負担の衡平性を評価することは有用なものであると考える。

さらに、公会計の財務業績の意義として、住民は、財務報告をとおして将来のサービス提供能力を評価し、将来の税負担を評価し、政策選択の意思決定を行うことができる。企業会計では将来キャッシュ・フローの予測により企業価値（純資産）を評価し投資の意思決定を行うが、それとは対照的に、公会計では将来にわたりサービス提供を継続した場合の住民の税負担（純負債）を評価し政策選択を行うことが可能になる。

そのような財務業績の把握には、期中の増減を適切に把握することが必要であり、資産負債アプローチを基本としながら、それだけでは十分に認識できない場合に、収益費用アプローチを適用することが適切な場合があると考える。この場合、収益費用アプローチの意味は、行政サービスのコストとそれを賄う財源という関係が、企業会計における売上と売上原価(直接費)のような「対価性のある対応」ではなく、売上と販売費管理費（間接費）のような「対価性のない期間の対応」であることを意味している。

IPSASB［2010b］「コンサルテーション・ペーパー "概念フレームワーク"」には、資産負債アプローチと収益費用アプローチで会計処理が異なる事例として、①　新税の創設と対応するプログラムが翌年度の場合と、②　図書館の建設補助金の事例を取り上げている（図表4-2参照）。

収益費用アプローチでは、建設補助金は図書館の減価償却期間にわたって繰延収益に計上して期間配分される。また、新税は、翌年度の事業の費用に対応するものとして繰り延べられる。他方、資産負債アプローチでは、

図表4-2　資産負債アプローチと収益費用アプローチで会計処理が異なる事例

事例	資産負債アプローチ	収益費用アプローチ
①　新税の創設と対応するプログラムが翌年度の場合 ②　図書館の建設補助金の扱い	①　税金は当期の収益になり、プログラムは翌年度の費用となる。 ②　建設補助金は受取りの年度の収入となり、建物の減価償却費は使用可能期間にわたり期間配分される。	①　税金は繰延収益とされて、翌年度に収益化される。 ②　建設補助金は繰延収益とされて、使用可能期間にわたり収益化される。

(出典：IPSASB［2010b］)

２つのケースともこの資源の流入は資産の定義に合致するが負債の定義に合致しないため、それを収受した年度の収益として認識されるとしている。

IPSASB［2010b］概念フレームワーク公開草案では、当期の報告期間に関係するフローと、特定の将来の報告期間に関関係するフローとを峻別することは重要であるとしていたため、繰延インフローと繰延アウトフローを下記のように定義していた。

繰延インフロー（アウトフロー）とは、特定の将来の報告期間において使用するために主体に提供されるサービス提供能力又は経済的便益のインフロー（アウトフロー）であり、非交換取引から生じ正味資産を増加（減少）させるものをいう。この定義の重要な特徴は、非交換取引に限定されることと、将来の期間に関係するものの２つである。

その後、IPSASB［2014］概念フレームワークでは、繰延インフロー及び繰延アウトフローについて、(a) 財務諸表の構成要素として認識する、(b) 資産・負債の定義を拡張する、(c) 収益・費用の定義を拡張し直接余剰（欠損）に計上する、(d) 財務諸表の構成要素としては認識しないが、財務報告の目的を満たすために、特定の経済事象として認識することを容認する、(e) サービス提供能力又は経済的便益を提供する繰延フローを報告することを容認するという５つのオプションを検討したが、（ｄ）が最も透明性のあるアプローチを提供すると結論づけた。ここでは、繰延インフロー（アウトフロー）に限定せず、幅広い経済現象を包括するため、その他の資源、その他の債務という用語を使用しているが、具体的な適用については基準レベルで定められるとしている。(BC5.49-5.56)

筆者は、新税創設の場合、その税収は、翌年度にプログラムを実行するという社会的な拘束性が高く、繰延収益に計上すべきであると考える。また、図書館の建設補助金の場合は、政策の実行という責務があっても補助金の返還義務はないため、受け取り年度の収益とするべきであるといえるが、わが国の地方公営企業会計のように、総括原価主義に基づく利用料金制度を採用している場合、繰延収益に計上することが適切な場合もあると考える。繰延収益は、概念フレームワークの負債概念に抵触するおそれも

あり、負債には該当しないが、純資産でもなく、第3の構成要素として、認識されることになる。

　他方、補助金の対象が、図書館のように、無料で利用できる施設の場合、補助金を繰延収益に計上すれば、施設の運営コストへの影響は多少あるであろうが、利用者の意思決定に影響を与えるほどの重要性はなく、また、実務的な負担も考慮すると、補助金の返済義務がないことから、受取時に収益計上すべきであると考える。ただし、もしも、図書館を廃止するなど政策の実行ができなくなる場合は、補助金の返済義務が生じるため、その時点で残額を負債計上することになるであろう。

　なお、わが国の地方公営企業において、地方公営企業が受け取る建設補助金は、従来は政府による資本助成（資本直入）という考え方であったが、2014年（平成26年）度から適用になった新しい公営企業会計では、利用料金によって原価を回収するという総括原価主義に基づき、補助金相当分は利用料金に転嫁しないという考え方に立ち、繰延収益に計上して収益化するという考え方を採用している。繰延収益は、負債とは異なる構成要素として位置付けられている。

2. 公会計における財務業績概念

　企業会計における利益計算の構造については、利益計算の目的、資本維持概念、資産評価基準などの課題について、統一的な整合性のある理論の構築に向けて様々な研究がなされている。会計の損益計算の構造論の視点からは、損益の測定は、資本概念と資産評価基準の組み合わせに関する基本的なモデルの問題であるとされる。さらに、インフレーションの影響を財務業績の測定にどのように配分すべきかという検討もされてきた。歴史的には、インフレーションがない場合であっても、会計上の利益計算において不可欠な「評価」の問題と、維持されるべき「資本」の概念の相互関係が体系的に整理されたうえで、それらを基礎とした会計測定システムが、取得原価主義会計に対する代替モデルとして検討されてきた。

　1970 年代のインフレーションが深刻になった時代に、現在価値会計と実体資本維持概念が選択適用ないしは補足情報として一部制度に取り入れられたが、その後のインフレーションの沈静化とともに、取得原価主義会計と名目貨幣資本維持へと回帰していった。そして現在は、固定資産の再評価は、資本と利益の区分の問題としてではなく、未実現損益の認識のタイミングの問題として取り上げられるようになっている。

　冨塚［2001: pp.208-212 ］は、固定資産の再評価は取得原価から時価評価への移行をめぐる問題のひとつであるが、単なる意思決定有用論からではなく、会計の理論構造上の問題として捉えることが必要であり、そのことが会計システムのさらなる進化にとって有意義であり、直面する問題への解決の示唆となるはずであると述べている。そのような視点から、田中茂次教授の損益計算の構造論の現代的な意義を評価し、継承と発展を図ることの意義を述べている。

　筆者は、田中の損益計算の構造を手掛かりにして、公会計における財務業績計算の構造の中で、公会計に適合する資本概念と資産評価基準の組み合わせを検討する。

　田中［1996: p.1］は、期間損益計算の構造における 3 つの次元として、損益領域（会計主体論）、資本維持論、資産評価論を体系化して、図表 4-3 のような損益計算の構造を提示している。

図表 4-3　損益計算の構造

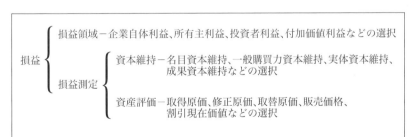

（出典：田中 [1996: p.1] ）

田中［1996］は、期間計算の計算構造は、「損益領域」、「資本維持」、「資産評価」という３つの独立した領域に属する要素からの選択を組み合わせたものによって決定されるとしている。

「損益領域」とは、会計主体論、損益主体であり、期間損益に関連する領域を意味する。どのグループの利益を主体と見るかによって、さまざまな利益概念が選択可能となる。

　次に、損益を決定する領域として、「資本維持」と「資産評価」という２つの独立した領域がある。損益の計算にあたって元手として維持されるべき金額をどのように考えるか。名目資本維持であれば投下されたときの金額であり、一般購買力資本維持であれば物価水準修正後の金額となる。資本維持の概念は、損益を算定する前提としての基準値を決定するものである。原価部分を取得原価のままにするのか、他の価値基準で修正するか。維持されるべき資本部分を特定化することで、その超過分としての損益が決定される。したがって、資本概念は、全体利益（設立から解散までの利益総額、資産の取得から処分までの利益総額）を決定するにすぎないとしている。

　取得から処分までの間の期間利益は、適用される評価基準に依存する。評価基準としては、取得原価、修正原価、時価、割引現在価値などの貨幣的価値などがある。したがって、

「全体利益は維持すべき資本の概念によって決定され、各期間におけるそれぞれ異なった種々の資産評価基準は単に全体利益の期間配分に関与するだけである」ということになる。

　資産評価の領域には、評価基準の選択に加えて、さらに、未実現利益系統と実現利益系統とに分けられる。評価差額を損益計算書に算入するか（未実現利益系統）、あるいは実現するまでは繰延勘定とするか（実現利益系統）、選択の余地がある。

　田中［1996］の構造論は、企業会計の損益計算を対象に考えられたものであるが、筆者は、その根底にある思考や論理は、公的部門の会計においても適用できるのではないかと考える。

図表4-4　公会計における財務業績計算の構造

```
　　　　┌　報告主体－資金会計(資金理論、コマンダー理論)、政府・自治体(企業主体論、
　　　　│　　　　　　　　企業体理論)、公的部門全体(社会会計)
財務　　│　　　　　　　　　　などの選択
業績　　┤
　　　　│　　　　　　　　資本維持－名目資本維持、一般購買力資本維持、実体資本維持
　　　　│　財務業績
　　　　│　測定
　　　　└　　　　　　　　測定基礎－取得原価、再取得原価、市場価値、使用価値
　　　　　　　　　　　　　　　　　などの選択
```

(出典：田中 [1996: p.1] をもとに筆者作成)

　公会計の利益概念は、企業会計の利益概念とは異なり、当期純利益のような数値的に表現できないものであるが、財務業績計算の構造としては、報告主体の選択とともに、資本維持概念と資産評価の組み合わせによって決定されるものである。

　図表4-4は、田中の損益計算の構造の考え方をもとに、筆者が公会計の財務業績計算の構造を考えたものである。公会計においても、財務業績は、報告主体と財務業績測定の組み合わせにより決定され、財務業績測定は資本維持概念と測定基礎（資産評価基準）の組み合わせによって決定されることを示している。

　すなわち、財務業績を構成する要素として、報告主体と財務業績測定がある。報告主体には、資金会計（資金理論、コマンダー理論）、政府・自治体（企業主体論、企業体理論）、公的部門全体（社会会計）の視点がある。財務業績測定には、資本維持（名目資本維持、一般購買力資本維持、実体資本維持）と測定基礎（取得原価、再取得原価、市場価値、使用価値）の組み合わせからなるのである。

3. 公会計における財務業績概念

3-1. 企業会計における利益概念の諸形態

　IASB［1989］の概念フレームワークでは、企業による適切な資本概念

の選択は、財務諸表の利用者の要求にもとづかなければならないとしている。名目投下資本の維持または資本の購買力に関心を有する場合には、貨幣資本概念を採用し、企業の操業度に関心がある場合には、実体資本概念を用いなければならない。資本維持の概念は、企業が維持したいと望む資本をどのように定義するかに関係する。資本維持の概念は、利益が測定される基準点を提供する。

　実体資本維持の概念では、測定基礎として現在原価を採用する必要がある。しかしながら、貨幣資本維持の概念では、特定の測定基礎を用いる必要はない。2つの資本維持概念の差異は、企業の資産・負債の価格変動の影響に関する扱いにある。期首の資本を維持するために必要な額を超える額が利益である。このように測定基礎及び資本維持概念の選択によって、財務諸表の作成にあたって用いられる会計モデルが決定される。

　辻山［2002: p334］は、資本維持観（企業観を含めて）は大きく2つに大別することができるが、取得原価主義会計が前提にしている名目貨幣資本維持を加えれば、資本維持概念とそれに依拠した利益計算の構造は、図表4-5のように大きく3つに類別できるとしている。

　辻山［2002］によれば、資本維持概念は、企業に関して「所有主」観と「企業実体」観のどちらの立場をとろうとしているかで、選択が決まる。

　所有主アプローチでは、会社の所有主持分が財務報告の中心目的であるとみなされる。維持すべき資本が所有主にとっての企業価値になる場合、それは企業によって現実に保有されている資産に対する支配力ではなく、財やサービスに対する所有者の一般的な支配力に関する測定値を意味して

図表4-5　資本概念と利益計算

資本概念		利益計算
貨幣資本	名目資本	取得原価主義会計（HCA）
	実質資本	現在購買力会計（CPP）
実体資本		現在原価会計（CCA）

（出典：辻山［2002: p 334］）

94

いる。所有主アプローチは、所有主資本の貨幣額を維持することと首尾一
貫している。

　貨幣価値が変動していなければ、名目資本維持概念のもとに、利益計算
のモデルとしては取得原価主義会計（historical cost accounting: HCA）
が採用される。

　貨幣価値が変動しているときには、取得時の貨幣価値に一般購買力指数
を適用することにより定義されるような、所有主資本の実質価値を維持す
ることとなる。その場合は、実質資本維持概念のもとで、利益計算のモデ
ルとして、現在購買力会計（current purchasing power accounting、
CPP）が採用される。そこでは、利益計算を通して回収される原価に価格
水準の変動による修正を施した原価（修正原価）を用いることにより、企
業の所有主が拠出した貨幣資本（monetary capital）の実質購買力（実質
資本 real capital）の維持を図ろうとするものである。

　企業実体アプローチでは、企業の経営実体の維持を資本維持概念の中心
的な前提とみなしている。維持されるべき資本の額は、企業の純資産の現
在価値と等しくなる。期首の貨幣資本は、個別の資産の価格変動に対処で
きるように調整される必要がある。この調整は一般物価水準の変動とは無
関係なものである。利益計算のモデルとしては、現在原価会計（current
cost accounting、CCA）が採用される。そこでは、利益計算を通して回
収される原価を個別資産の時価とし、取得原価と時価との差額を資本に算
入することで物的資本の買い替えを常に担保して、企業の物的資本の維持
を図ろうとするものである。現在原価会計（CCA）においては、一度資
産に投じられた資本は拠出者の立場から切り離され、企業実体の立場から
みた物的な営業能力そのものが以後も維持されていく必要があると考えら
れている。

　ここでは、企業観とそれに基づく資本概念と利益計算（資産評価基準）
が一対一の対応を示している。しかしながら、これまで考察してきたよう
に、会計の損益計算の構造では、利益計算は資本概念と資産評価の組み合
わせによって決まると考える。その場合、企業会計における利益概念の諸

形態にはどのようなものがあるのだろうか。

上野［1995］は、利益概念について、評価基準と測定単位（資本概念）の組み合わせとして、図表4-6のような利益概念の諸形態を提示している。(＊1)

図表4-6　企業会計における利益概念の諸形態

評価基準 測定単位	歴史的原価	購入時価	販売時価
名目貨幣単位	伝統的利益	経営利益	実現可能利益
一般購買力単位	実質利益	実質経営利益	実質実現利益
個別購買力単位	－	取替原価利益	－

(出典：上野［1995: p.22］)

上野［1995: p.23］によれば、「伝統的利益」概念は、現行会計制度の下における利益概念であり、資産は歴史的原価で評価され、収益は実現主義の原則に基づいて決定される。「経営利益」概念は、「価格変動会計」ないし「カレント＝コスト会計」のもとにおける利益概念であり、資産は購入時価によって評価され、決定される。利益構成要素が、原価節約（期首購入時価と期末購入時価の差額）と営業利益（売上収益と購入時価で測定された営業費用の差額）として現在的に測定されるものである。「実現可能利益」概念は、「売却時価主義会計」の下における利益概念であり、資産は販売時価によって評価され、決定される。「実質利益」概念は、「物価変動」ないし「修正原価主義会計」の下における利益概念であり、「取替原価利益」概念は、「営業能力資本維持会計」の下における利益概念である。

3-2. 公会計における資産評価基準の特徴

上記のような企業会計における研究成果を踏まえて、ここからは、公会計における財務業績概念を検討していく。

IPSASB［2010c］「コンサルテンションペーパー"概念フレームワーク"」では、測定基礎として、取得原価、市場価値、再調達原価の3つをあげて、それぞれの特徴を4つの視点から整理している（paras.1.7-1.9）（図表4-

96

7 参照)。

図表 4-7　測定基礎の特徴

測定基礎の特徴			
測定基礎	歴史的または現在的な属性①	入口または出口の見方②	市場または主体固有の見方③	資本概念④
取得原価	歴史的	入口	主体固有	財務資本
市場価値	現在的	どちらか一方	市場	市場価値(市場のリターンを稼得する能力)
再取得原価	現在的	入口	主体固有	活動能力

(出典：IPSASB [2010c: para.1.11])

①　測定基礎は、歴史的な属性または現在的な属性という特徴をもつ。歴史的な属性の測定基礎が使用される場合、資産と負債は、過去の日付の属性の金額で表示される。これと対照的に、現在的な属性の測定基礎では、測定は報告日現在の経済的及び財務的環境の実勢を反映する。

②　測定基礎は、入口価値か出口価値を使用することがある。入口基礎は、資産（又は負債）の取得（又は引受）に対する支払対価（又は受取対価）を反映する。出口基礎は、多くの場合、その売却により資産から生ずる金額を反映する。

③　測定基礎は市場の見方又は主体固有の見方のいずれかを採用することがある。市場からの見方は、同じ資産（又は負債）が異なる他の主体によって同じ金額で報告されることが期待できる点で比較可能性を促進すると論ずることができる。他方、主体固有の立場からの見方を採用する測定基礎は、おそらく間違いなくより目的適合性があるであろうが、異なる主体間で相違が生じるであろう。なお、ここで使用される「主体固有」という用語は、単に期待と意図に言及するものではなく、報告主体による潜在的な使用を制約する経済的及び現在の政策上の制約に束縛される測定基礎のことに言及するために使用されている。

④　測定基礎の選定を資本の概念の選定と関係づけることが理解に役立つ。測定基礎が、資本についての選定された概念に対して適切になるよう

に選定される場合は、財務諸表の連接は完全になる。純資産の変動は、その年度の報告された余剰又は欠損と等しい。財務報告の測定基礎の選定は、一般的に、資本の特定の概念と首尾一貫性がある。

このように特徴を整理した後、IPSASB［2010c］では、測定基礎の適用については、単一な測定基礎の適用ではなく、複数の測定基礎の適用が適切であるとしている。

ここで、市場価値という用語について検討してみると、IASB は「公正価値測定」に関するプロジェクトを有しているが、IPSASB では公正価値という用語の使用を避けており、市場価値という用語を使用している。IPSASB では、市場価値は入口あるいは出口のいずれかであるとしており、IASB とは異なる点である。IPSASB では、IPSASB の概念フレームワークと IASB の公正価値測定の公開草案とは直接的な関係はないとしている。

また、IPSASB［2010c］では、主体固有の見方を採用する使用価値が、測定の基礎として明示的には対象とされていない。使用価値に対する反対論には、使用価値は主体又はその経営陣の意図又は期待を反映しており、主観的で検証可能性と比較可能性に欠けていることが指摘されている。公的部門ではインフラ資産のように、キャッシュ・フローを生まない固定資産を多額に保有しており、非資金生成資産の場合、使用価値はサービス提供能力の評価となり再取得原価に等しいものとされている。そのため、使用価値は測定基礎として単独には対象としていないとしている。

その後、IPSASB［2014］概念フレームワークでは、測定の基礎に関する基準レベルの決定の指針として測定目的を策定している。

資産及び負債に対する測定基礎の選択においては、公的部門の財務報告の目的を満たすことに寄与するとして、下記の3つの測定目的を策定している。

　　・サービスの原価－過去又は現在の条件によって期間に提供されるサービスの原価

・運営能力－将来の期間において物理的及びその他の資源を通じてサ
ービスの提供を支援する主体の能力
・財務能力－活動資金の調達を行う主体の能力（para.7.3）

　つまり、測定基礎及びその選択について、資産の測定基礎は、主体によ
って供給されるサービスの原価、運営能力、財務能力に関して、測定基礎
が提供する情報及び質的特性の観点から識別される。
　測定基礎は、歴史的原価と現在価値に区分される。現在価値は、市場価
値、再調達原価、正味売却価格、使用価値の４つがある（図表 4-8 参照）。

図表 4-8　資産の測定基礎の概要

測定基礎	入口価値か出口価値か	市場において観察可能か、観察不可能か	主体に特有か、特有でないか
歴史的原価	入口価値	一般に観察可能	主体特有
開かれた活発かつ秩序のある市場における市場価値	入口価値又は出口価値	観察可能	主体特有ではない
不活発な市場における市場価値	出口価値	評価技法による	評価技法による
再調達原価	入口価値	観察可能	主体特有
正味売却価格	出口価値	観察可能	主体特有
使用価値	出口価値	観察不能	主体特有

（出典：IPSASB [2014] para.7.6）

　正味売却価格と使用価値は、概念フレームワークのコンサルテーション・
ペーパーには測定基礎としての記載がなかったが、最終的は記載されるこ
とになった。その理由について、主体が資産の運営を続ける意思がないと
いう状況では、主体に対する売却の制約を反映し、かつ、出口価値を提供
する主体固有の測定基礎として、正味売却価格が適切であるとして、測定
基礎に含めることになった。また、主体が資産を直ちに売却するよりも資
産運営を継続するほうが合理的という状況では、使用価値が適切であると
して、測定基礎に含めることになった。ただし、使用価値は、現金を生成
しない状況での運用は簡単ではなく、代替的に再調達原価を用いることが

必要かもしれないとしている（para.BC7.32-33）。

　負債の測定基礎は、歴史的原価、履行原価、市場価値、解放原価、引受価値の5つがある。(para.7.7)

　なお、測定基礎を理想的な資本の概念に関連付けることについては、測定基礎の選択を過度に制限する可能性があると結論づけた。その結果、測定目的の選定は理想的な資本の概念に基づくべきであるとの見解を退け、公的部門での基礎設定には混合の測定アプローチが適切であるとの見解を再確認している（BC 7.5）。

3-3. 公会計における財務業績概念

　ここからは、前項で検討したような公会計の財務業績計算の構造をもとに、公会計にふさわしい財務業績概念の諸類型を検討したい。すなわち、公会計の財務業績概念は、企業会計の利益概念とは異なり、当期純利益のような数値的に表現できないものであるが、報告主体の選択とともに、財務業績概念としては、資本維持概念と資産評価基準の組み合わせによって決定されると考える。

　図表4-7では、測定基礎と資本概念が一対一に対応しているようにみえるが、理論的には複数の測定基礎が選択されうるため、筆者は、資本概念と測定基礎の関係は複数あるものと考える。

　上野［1995］が示した企業会計における利益概念の諸形態（図表4-6）では、損益計算は棚卸資産を中心に評価基準の適用が検討されている。他方、公的部門においては、棚卸資産はほとんど存在せず、インフラ資産のような長期的に維持更新していく固定資産が多額に存在するという特徴があり、政府は、サービス提供能力を中長期にわたり維持更新する責務がある。そのような公会計における財務業績概念として、評価基準（測定基礎）と資本概念の組み合わせとして、図表4-9が考えられる。

　左記の組み合わせの中から、公会計の財務業績の評価に適合するような測定基礎（評価基準）と資本概念の組み合わせを検討する。

　一般的に、一個の財貨に対して、いくつかの異なった価値が存在する。

図表 4 -9　公会計における財務業績概念の諸形態

評価基準(測定基礎)　　資本概念	取得原価	再取得原価	市場価値
名目貨幣維持	歴史的原価会計	現在原価会計	現在市場価値会計
一般購買力資本維持	実質歴史的原価会計	実質現在原価会計	実質現在市場価値会計
実体資本維持	—	取替原価会計	—

(出典：筆者作成)

　ある特定の価値や評価方法を選択する場合に、どのような観点からそれら
を選択すべきかは、財務報告の利用者にとって、会計情報の有用性がある
ことが最も基本的なことである。それは、財務報告の質的特徴の中で目的
適合性といわれるものである。ただ、ある意思決定を行うにはどのような
情報が必要であるか、また、種々の利用者集団の中でも関心にしたがって
意思決定の方法も異なってくるため、何らかの一般的な仮定をおかなけれ
ばならない。

　また、政府を取り巻く利害関係者は多様であり相互に対立する場合もあ
る。会計は利害調整の役割をもっており、この点からは、会計上の価値測
定には、数値上の客観性と検証可能性を十分に備えることが要請される。
このような難点を認識しながら、公会計における資本概念と評価基準を考
察するものである。

　まず、評価基準の特徴をみていくと次のとおりである。

　取得原価は、一般的に適用が簡単であり、また高い検証可能性を有する。
財務報告の目的として、公的説明責任の履行義務に関して、期間衡平性、
予算準拠性、サービス提供の努力・コスト・成果を査定すること、さらに
予測される将来のサービスの水準と将来の納税負担を評価するためには、
取得原価評価で十分であるといえる。しかしながら、特に価格変動が著し
い場合には、他の測定基礎ほどの目的適合性はない。

　市場価値は、奥行きが深く流動性のある市場では多くの長所を有する。
売却予定の固定資産には市場価値が適合する。しかしながら、公的部門で
インフラ資産のように高度に特殊化された固定資産を多額に有している場

合、市場価値の目的適合性は問題とされる。

　再取得原価は、サービスを提供するために保有される資産について目的適合性のある情報を提供する。しかしながら、場合によっては、複雑で、適用にコストがかかり、また、財務諸表の検証可能性と比較可能性を制限する主観的な判断に依存することがある。

　ここで公会計の目的を確認すると、その目的は、利用者（住民等）に対する説明責任と意思決定に有用な情報を提供することである。そのために、①政府のもつ経済的資源、政府等に対する請求権、②行政の責任者が政府の資源を利用するという義務をどのように効率的にかつ効果的に遂行したかを、利用者（住民等）が査定するのに役に立つ情報であること、③公的説明責任の履行義務に関して、期間衡平性、予算準拠性、サービス提供の努力・コスト・成果を査定すること、④予測される将来のサービス提供活動と目的、及びそれらの活動を支えるために必要なコスト・リカバリーの金額と調達源（納税負担）についての情報が必要である。さらに、住民等は、財務報告をとおして、政府の業績を査定して、将来のサービス提供能力と将来の税負担を評価し、政策選択の意思決定を行うことができる。

　このような公会計の目的に適合する財務業績概念は、単一の組み合わせではなく、実態に応じて複数の組み合わせが存在すると考える。

　政府が長期的に固定資産を保有してサービス提供を行うのであれば、公的説明責任の査定には取得原価にもとづく歴史的原価会計で十分である。また、将来のサービス提供能力と将来の税負担を評価し政策選択の意思決定を行うためには、取得原価評価で十分である。

　売却予定の固定資産があれば、市場価値による評価が適切である。

　政府がサービス提供能力を維持更新していく責務があることから、インフレ等の物価変動を反映するためには、再取得原価にもとづく現在原価会計に目的適合性がある。もしも資本維持概念と評価基準を単一に結びつけるならば、再取得原価評価は実体資本維持概念と理念的には結びつきやすい。しかし、現代のような技術革新の速い時代にあっては、実体資本維持概念のもとでは維持すべき資本（活動能力）を定量化することは困難であ

る。したがって、名目資本維持概念のもとで、再取得原価評価を選択して、物価変動による評価損益は財務業績の一部として認識して、通常の財務業績とは区別してみるほうがより目的適合性があると考える。なお、再取得原価評価は、理論的に優れている面があるが、他方、評価の客観性の問題、技術革新を反映できないこと、費用対効果の問題があることに留意すべきである。

　また、将来のサービス提供の水準と納税者の将来の税負担を評価するという目的のためには、サービス提供の現在における価値（将来税負担額）から、固定資産の現在における価値を控除することによって、正味の現在価値（純債務）を計算することができる。

　川村［2010: p.25］が示した算式では次のように表現される。

納税者の将来のコスト負担額（税負担額）
＝行政活動のコストの現在価値－社会基盤ストック（固定資産）の現在価値＋公債の価値

　この算式では、社会基盤ストック（固定資産）の現在における価値としては、企業であれば将来キャッシュ・フローの現在価値になるであろうが、公的部門の固定資産は主にインフラ資産等であるので、将来のサービス提供能力を評価として、理論的には再取得原価になる。なお、川村［2010］は、将来の税負担額の計算においては、取得原価評価でも十分であると述べている。

　冨塚［2001］は、現在の国際会計基準への統合において、資産評価として時価基準を採るにしても、資本維持論としてはなお名目資本維持概念が前提とされており、また、時価評価にしても、評価基準の選択と、未実現系統と実現系統との混合形態が採用されている。損益主体としては、所有主（株主）がなお想定されている。会計理論の役割として、時代のニーズに対応しながら、これらの組み合わせを変えていけるかどうかが課題であると述べている。

　報告主体論（第3章）で述べたように、公的部門の企業観としては、政府をひとつの存在としてみる見方と、政府の説明責任を査定するという

政府と住民の関係の視点との統合的な視点がふさわしいと考える。前者の視点からは、企業体説にもとづく実体資本維持概念とサービス提供能力の維持という思考が適合しやすいが、サービス能力を定量化することが困難であるという限界がある。

　他方、後者の視点からは、親会社説にもとづく名目資本維持概念のもとで、サービス提供能力維持を図るという責務から、再取得原価にもとづく現在原価会計を適用するが、通常の財務業績とは区分して物価変動による評価損益を把握するということが有用であると考える。

　以上のように、本項では、公会計の財務業績概念に関して、公会計の損益計算の構造としても、資本概念と評価基準との組み合わせが存在することを示したものである。

4. 公会計における資産評価損益と財務業績計算

　これまで検討したように、公会計の財務業績概念の類型の中で、名目資本維持概念のもとで、再取得原価評価にもとづき、個別価格変動にも対応したサービス提供能力の維持を考慮することが理論的には目的適合性があると考える。

　その場合、固定資産を再取得原価で評価した場合、その評価損益を財務業績計算上どのように取り扱うかについて、ここでは検討する。具体的には、一般物価変動や個別価格変動を反映して資本修正を行うか否か、それは資本維持概念によって異なってくる。

　公的部門では、住民は、企業の株主のような存在ではなく、サービスの受益者であり納税者でもあるため、純資産の中に資本（出資）という概念が存在しない。そのため、筆者は、一般物価変動や個別価格変動にともなう資本修正を区分して利益計算することの意味が乏しいと考える。企業会計では、資本維持概念によって利益の概念が相違するが、公会計では、評価損益を区分計上することによって、財務業績の評価を行うことで十分であると考える。財務業績報告書では、その期に生起した（時価の変動を含

図表4-10　公会計における資産の評価損益と財務業績計算

資本概念	企業会計の利益計算	公会計の財務業績計算
名目貨幣維持	資本修正は行わない。評価損益について、評価損は財務業績計算書に計上するが、評価益は「その他包括利益」(あるいは総利得損失計算書)に計上する。	資本修正は行わない。評価損益について、評価損は財務業績計算書に計上するが、評価益は「その他包括利益」(あるいは総利得損失計算書)に計上する。
一般購買力資本維持	一般購買力指数による資本修正を行い、利益は資本修正控除の数値になる。	資本という概念が存在しないが、資本修正は純資産直入となる。
実体資本維持	個別価格変動による資本修正を行い、利益は資本修正控除の数値になる。	資本という概念が存在しないが、資本修正は純資産直入となる。

(出典：筆者作成)

む）すべての事象を可能な限りすべてその期の業績として認識し、過去及び将来の業績と明確に峻別することが有用である。そのような観点に立って、資産負債の時価評価差額を業績として捉えるとともに、財務業績全体を事業活動の業績と評価損益とに区分して表示するという方法が適切であると考える。

　以上のことをまとめると図表4-10のようになる。

　最後に、現在のIPSAS第1号では、財務業績計算書の様式が、その他包括利益や総利得損失計算書を含まないものになっており、IFRSの包括利益計算書へ対応していない。そのため、資産の評価損益のうち評価損は財務業績計算書に計上されるが、評価益は純資産直入となっている。IPSASにおいても、その他包括利益を含む財務業績計算書への改訂が必要であると考える。

5. 小括

　本章では、公会計における財務業績概念を検討した。財務業績は、報告主体と財務業績測定の組み合わせによって決定され、財務業績測定は資本概念と資産評価基準の組み合わせによって決定されることを述べた。財務

業績測定における資本概念と資産評価の組み合わせは、公的部門の実態に対応して複数の組み合わせが存在しており、名目資本維持概念のもとで、複数の資産評価の選択が可能であることを述べた。

　例えば、固定資産の再評価については、政府が長期のサービス提供能力の維持という責務を負うことから、理論的には物価変動を反映できる再取得原価評価がより目的適合性があると考える。他方、資産評価基準の選択は、目的適合性だけでなく、その他の要素からも検討することが必要である。例えば、評価の客観性、技術革新、費用対効果も重要である。また、公会計の財務業績として将来の納税負担を評価するという目的からは、取得原価評価で十分であるともいえる。公会計の目的に応じて、複数の財務業績概念が存在することを認識して、適切な資産評価基準を選択することが重要であると考える。

註

* 1　上野［1995: pp.317-319］は、企業会計の目的に関して適切な業績評価モデルに適合する利益概念として、「拡張実質実現可能利益」を主張している。これは、実質実現可能利益概念（資産の評価基準として販売時価を適用し、測定単位として一般購買力単位を採用する）における財に対する支配権を、「企業の所有者」から「企業の利害関係者」に拡張して決定される利益概念である。

●第5章●

固定資産の再評価と
インフラ資産の会計

はじめに

　公会計の固有な論点として、固定資産の再評価とインフラ資産の会計がある。固定資産の再評価は、各国の企業会計の基準を基礎としているため、国により原価モデルと再評価モデルが併存している。また、インフラ資産の会計慣行は、多様で、インフラ資産に対する会計基準に関するコンセンサスは存在しないという状況である。インフラ資産は、固定資産の一部であるが、道路、橋梁、上下水道のように、一般的にネットワーク性を有しており、適切な維持補修を行っていれば、耐用年数が超長期に及ぶという特徴があり、固定資産とは異なる会計処理を採用している国もある。

　例えば、英国政府やニュージーランド政府では、固定資産の評価は再取得原価（現在原価）による評価が義務付けられているが、インフラ資産の価値の減耗については、英国の政府会計では減価償却の代替として更新会計（更新支出とネットワークの消耗実績とに重要な差異がないことを条件に、更新支出を費用として計上する）を採用している。ニュージーランドは残存価額30％での減価償却を採用している。他方、米国の政府・地方政府では、固定資産は取得原価による評価であるが、インフラ資産の価値の減耗については、連邦政府は取得原価主義に基づく減価償却を義務付けているが、州・地方政府は適切な維持管理を条件に更新支出を費用計上することを代替的に認めている。この相違の背景には、インフラ資産は必要な時期に維持補修を施すことによって超長期的に使用可能なものとみるか、一定の時期において全面的な取替更新を要すると見るか、という2つの見解の差異がある。

　翻って、わが国の政府会計の状況をみると、政府では、国の財務書類と

して、国有財産台帳を使用して、官庁会計の歳入歳出決算を組み替えて財務諸表を作成しているが、固定資産の評価は、５年ごとに改訂される国有財産台帳価格に基づくものであり、その評価は取得原価でも個別資産の再調達原価でもないものとなっている。また、道路等のインフラ資産は、投資累計額で計上されており、取得原価の把握もなされていない。

　地方公共団体の場合は、総務省が「統一的な基準による地方公会計マニュアル」を公表した（平成27年）。これまでの改訂モデル（普通会計の決算統計を組み替えて財務諸表を作成する方式）では固定資産台帳の整備は不要であったし、他方、基準モデル（個々の取引の期末一括変換方式により財務諸表を作成する方式）では、公正価値による固定資産の再評価を義務付けるようなことが提唱されていた。統一的な基準では、取得原価に基づく固定資産台帳の整備を進めることとしている。ただし、道路等のインフラ資産については、簡便的な評価を採用している。道路土地については、昭和60年（1985年）を基準として、昭和60年以前の道路土地は、それに見合う地方債は償還されているとして、備忘価額１円での評価とし、昭和60年以降の道路土地は取得原価で計上するとしている。

　なお、東京都では、2006年度より複式簿記・発生主義会計を導入しており、IPSASや企業会計の考え方をもとに、有形固定資産は、道路等のインフラ資産を含め、取得原価に基づき評価している。

　筆者は、わが国の政府・地方公共団体にとって、固定資産の再評価にいたずらに時価を主張するのではなく、企業会計の会計基準を土台として、取得原価をもとにした評価と固定資産台帳の整備から始めるべきであると考える。そのうえで、公的部門の固定資産の再評価のあり方について、どのような評価基準や方法が適切なのかを、理論的に検討する必要があると考える。

　本章の研究方法としては、公会計は企業会計と共通な基礎の上にありながら、固有な領域があるという認識に基づき、①公的部門の固定資産の再評価と測定基礎についてIPSASBの概念フレームワーク等を手掛かりに整理したうえで、剥奪価値アプローチの考え方を検討する。そして剥奪価値

アプローチの根底にある思考を検討するために、②企業会計における固定資産の再評価の思考を探り、再評価の支持論と不支持論の主張を検討する。次に、③会計構造論の視点から、資本維持概念と評価論を手掛かりとしながら、固定資産の再評価論を見直す。最後に、④インフラ資産の会計をめぐる論点を検討し、⑤公的部門の特性を考慮した固定資産の再評価とインフラ資産会計のあり方を検討する。

1. 公会計における固定資産の再評価について

固定資産をどのように評価すべきかという問題は、資本と利益をどのように測定すべきかということに関する基本的なモデルと、インフレーションの影響をこれらの測定にどのように配分すべきかという見解の両方に関連しているが、財務諸表の利用者と利用目的に適合する単一の会計モデル、あるいは単一の総括的な利益測定値は存在しない。

第4章公会計の財務業績概念で述べたように、財務業績は、資本維持概念と評価基準（測定基礎）の組み合わせで決定されるが、その組み合わせは、単一の組み合わせではなく、複数の組み合わせが可能であると考える。公会計における財務業績概念の諸類型の中で、資本概念と評価基準（測定基礎）の組み合わせとしては、図表5-1（再掲）が考えられる。

公的部門の固定資産の保有目的を考えると、インフラ資産に代表されるようなサービス能力の維持である。このような公会計の目的に適合する財

図表5-1　公会計における財務業績概念の諸形態

資本概念＼評価基準(測定基礎)	取得原価	再取得原価	市場価値
名目貨幣維持	歴史的原価会計	現在原価会計	現在市場価値会計
一般購買力資本維持	実質歴史的原価会計	実質現在原価会計	実質現在市場価値会計
実体資本維持	—	取替原価会計	—

（出典：筆者作成）

務業績概念は、単一の組み合わせではなく、実態に応じて複数の組み合わせが存在すると考える。

　IPSASB［2010c］概念フレームワークのコンサルテーション・ペーパーは、単一測定基礎を選択するのではなく、複合測定基礎アプローチを選択するとして、剥奪価値、取得原価及び市場価値、再調達原価及び市場価値、取得原価、再調達原価及び市場価値、その他の測定基礎または複合測定基礎アプローチの中で、剥奪価値モデルを推奨している。剥奪価値モデルは、単一の測定基礎は規定せず、特定の状況で最も目的適合性があるものとして特定の基礎が選定される合理性根拠を提供するとしている（para.5.2）。

　剥奪価値モデルでは、測定基礎は資産が剥奪された場合に主体が被る損失を反映する。これは同等のサービス提供能力を取得する現在原価（再調達原価）よりも高いことはありえず、又は主体が資産から回収できる価額（回収可能価額）よりも低いことはありえない。測定基礎の選択は主体がその資産から得ることができる最高の経済的価値を反映する。つまり、再調達原価は、資産を取り換える価値がある場合に選択され、また、正味売価はそうでない場合で、かつ即時の売却から最高の価値が得られる場合に選択される。使用価値は、資産を取り換える価値はないが、そのサービス提供能力の価値が売却から得られるものよりも大きい場合に選択される（para.5.16）。（図表 5 -2、5 -3 参照）

図表5-2　資産に対する剥奪価値モデル

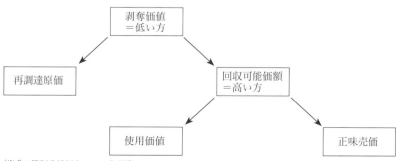

（出典：IPSAS [2010c: para.5.17]）

図表5-3　剥奪価値モデルで使用される概念

剥奪価値モデルで使用される概念	
資産	
一般的概念	剥奪価値: 　資産を剥奪された場合、主体はどのような損失を被るか? 　資産を取得するために主体は合理的にいくらを支払うか?
入口又は出口	入口と出口の低い方
入口価値	再調達原価
出口価値	回収可能価額－以下の高い方: 　使用価値 　正味売価(市場価値)

(出典:筆者作成)

　剥奪価値アプローチは、1970年代のインフレ時に英国等で盛んに取り上げられたが、その後インフレが鎮静化したこと、また、技術革新の進展から、再取得金額の把握の困難さや、同じ機能のものを再取得するという概念の意味が減少してきたこともあり、企業会計では取り上げられることがなくなっていった。

　IPSASB［2014］概念フレームワークでは、公開草案に対する多数の回答者が剥奪価値モデルの複雑性（再調達原価、正味売却価格、使用価値の3つの測定基礎の関係）を表明した。そのため、IPSASBは概念フレームワークに剥奪価値モデルを含めないことにした。ただし、3つの測定基礎の関係の分析において、剥奪価値モデルが提供する知見は維持されている（BC 7.37-39）。

　他方、英国政府会計では、公的部門における剥奪価値アプローチの有用性を重視している。その理由を探るために、次項では、企業会計における固定資産の再評価の議論を検討する。

2. 固定資産の再評価をめぐる議論

　本項では、国際会計基準及び国際公会計基準、英国、ニュージーランド、米国における固定資産の再評価について、民間部門の会計基準と、それをベースにした公的部門（政府・地方政府）の会計基準を概括する。その後、

固定資産の再評価の論拠を検討する。

　筆者は、国際会計基準及び国際公会計基準が固定資産の評価に取得原価主義を採用しており、わが国の企業会計の会計基準も取得原価主義であることから、実務的には、英国のような再取得原価評価を受け入れる土壌は小さいと考える。しかしながら、英国の現在原価の主張には、規範的であるが財務報告の目的（意思決定有用性）に対して論理的な一貫性をもったものがあり、その内容を考察する価値があると考える。

2-1．IPSASB

　IASB［1989］の概念フレームワークは、資本及び資本維持の概念について、「企業による適切な資本概念の選択は、財務諸表の利用者の要求に基づかなければならない。」（para.103）としている。そして、「貨幣資本概念は、財務諸表を作成するほとんどの企業が採用している」（para.102）としており、取得原価主義に基づく名目貨幣資本維持の概念に準拠して財務諸表が作成されるのが一般的であると述べている。

　企業会計においては、有形固定資産の会計基準である IAS 第 16 号「有形固定資産」（1998 年改訂）は、財務諸表の比較可能性を高めるために、固定資産の再評価について、標準的な会計処理として取得原価を採用しているが、英国等の再評価を認める国に配慮して、代替的な処理として時価評価を認めている（paras.28-29）。

　公的部門の固定資産の会計基準としては、IAS 第 16 号「有形固定資産」をもとに、IPSAS［2001］「第 17 号：有形固定資産」が公表されている（2003 年改訂）。IPSAS 第 17 号によれば、固定資産の当初認識後の測定（再評価）について、標準的な処理は、「取得原価から減価償却累計額及び減損損失累計額を控除した価額」（原価モデル）で計上するが、認められる代替処理として、「再評価実施日における公正価値からその後の減価償却累計額及び減損損失累計額を控除した再評価額」（再評価モデル）で計上するとされていた。その後、IPSAS［2006］「第 17 号：有形固定資産」（改訂版）では、原価モデルまたは再評価モデルは選択とされており、当該方針をす

べての種類の固定資産に適用しなければならないとされている(para.42)。

　ここでは、有形固定資産の公正価値は、通常、評価によって決定される市場価格であるとしているが、公的部門が保有する資産の中には、市場取引がないため、その市場価格を設定することが困難なものもある。公的部門の主体は、このような資産を大量に保有していることも多い。市場における市場価格を決定する根拠がない場合には、当該項目の公正価値は、① 類似した状況と場所における同様な特徴をもつ項目、② 特殊な建物及びその他の人工の構築物の場合、減価償却後の再調達原価（資産の減価償却後の再調達原価は、市場における同様の残存サービス提供能力を有する同種の資産の購入価格を参照して設定することができる）、③ 資産の再生産原価（代替的建物に取替えるよりも再生した方がよい場合）などがあるとしている（paras.45-48）。

　再評価の会計処理は、① 資産の帳簿価額が増加した場合、その増加額は再評価剰余金に直接貸方計上する（ただし再評価による増加額は、以前に費用として認識された同種類の資産の再評価による減少額を戻し入れる範囲で収益として認識する）、② 資産の帳簿価額が減少した場合、その減少額は費用として認識する（ただし、再評価による減少額は、同じ資産種類に関する再評価剰余金の残高を超えない範囲で、関連する再評価剰余金に直接借方計上する）、③ 同一種類の有形固定資産中の個別の資産に関連した再評価増減額は、その種類内で相殺されなければならないが、異なった種類の資産に関連して相殺してはならないとしている（paras.54-57）。

2-2. 英国の会計基準

　英国においては、民間部門においても公的部門においても、固定資産（事業用資産）の再評価を広く許容しており、その評価差額を各期の利得損失として認識する制度を 1992 年以来導入している。英国財務報告基準(Financial Reporting Standards: FRS)「第 3 号：財務業績の報告」[1992](FRS 3: Reporting Finacial Performance) において、基本財務諸表のひとつである総認識利得損失計算書（statement of total recognized gains

and losses）において、土地を含む広範な固定資産の再評価損益の計上が
認められている（para.13）。

　FRS第15号「有形固定資産」［1999］（FRS 15: Tagible Fixed Assets）
では、固定資産の再評価は、企業の選択としており、再評価を選択した場
合は、継続適用を要件とし、同一種類の固定資産すべてを現在時点での価
値で再評価することが要求されている。現在時点の価値とは、償却後再取
得価値（depreciated replacement cost）か回収可能価額のいずれか低い方
であり、回収可能価額は正味実現可能価額（open market value）か使用価
値（将来キャッシュ・フローの割引現在価値：exsisting use value）のいず
れか高い方である。再評価損益は、固定資産の経済的便益の費消と減価償
却後歴史的原価を下回る場合は、損益計算書に計上し、未実現評価損益は、
総認識利得損失計算書に計上される（paras.53-71）。

　これに対して、英国政府の公会計においては、固定資産の再評価は、選
択制ではなく、義務付けられており、再評価益は、総認識利得損失計算書
を通して再評価積立金（純資産）に計上される。

　このように、英国財務会計基準（FRS3）の特徴は、固定資産の保有損
益が総認識利得損失計算書において認識された段階で、その保有損益が明
確に財務業績の構成要素として位置付けられることである。

　なぜ、固定資産の未実現利得（保有利得）が業績とみなされているので
あろうか。

　辻山［2002: pp.325-329］は、英国において総認識利得損失計算書が
導入された根底には、「情報セットアプローチ」があるとしている。情報
セットアプローチとは、財務業績を利益という単一の指標に集約するので
なく、財務業績の重要な構成要素を強調することのほうがより有用である
という見解に基づいている。情報セットアプローチでは、基本財務諸表に
おいて多様な財務業績の構成要素を区分して報告することによって、情報
の作成者ではなく、情報の利用者が、その構成要素を適時組み合わせて利
用することにより、企業がその期間に達成した業績を理解し、その業績が
その企業の潜在的な将来業績を予測するうえでどの程度有用であるのかを

判断するのに役立つことを目指している。

　英国では、一度認識された未実現保有利得は、実現したときには、実現相当額を再度損益計算書に繰り入れる再分配調整（リサイクル）を行わずに、損益計算書の利益額を再評価後の簿価に基づいて算出する。そのため、総認識利得損失計算書は、ボトムラインに財務業績としての意味が与えられている。

　それでは、企業の保有する資産負債を取得原価ではなく時価で評価することの妥当性は何か。なぜ、固定資産の未実現評価益が業績とみなされるのであろうか。そして、損益計算書と総認識利得損失計算書の区分はどのような意味をもつのであろうか。

　辻山［2002］によれば、企業にとって、現在価値アプローチは、収益から利益獲得のために費やされた資産の現在原価を控除し、資産や負債の保有利得を区分して報告することによって、操業利得と保有利得を区別することを可能にする。これは、財務諸表の利用者が、現在の操業利益を観察することを可能にし、取得原価主義の利益より、将来の潜在的な業績に関するよりよい指標を提供するものである。

　利益の質を、実現利益と未実現利益に分けるよりも、より有用な分析は、操業活動からもたらされた利得損失と、企業経営に使用するために継続的に保有されている資産負債の価値の変化からもたらされる利得損失に分けることである。それらの資産負債の基本的な機能は、それらを加工したり売買したりすることよりも、企業の操業を続けるのに不可欠な基盤（infrastracture）を提供することである。そのような分析のもとでは、当期の営業に直接影響を与えない価値の変動は、操業活動及び財務活動の成果とは区分して、報告される。

　このように、英国の財務業績報告は、その期に生起した（時価の変動を含む）すべての事象を可能な限りすべてその期の業績として認識し、過去及び将来の業績と明確に峻別することを原則的な考え方としており、そのような観点にたって、資産負債の時価評価差額を業績として捉えるとともに、業績全体をどのように区分表示するのかということに眼目が置かれて

116

いる。

2-3. ニュージーランドの会計基準

　ニュージーランドの財務報告基準（Finacial Reporting Standards; FRS）は、民間企業、政府、地方政府の全てを適用対象としている。FRS第３号「有形固定資産」において、民間企業では、固定資産の再評価を行うことが原則であるが、再評価を行わないことも認められている。これに対して、政府及び地方政府には、固定資産は公正価値による再評価が義務付けされている。公正価値とは、取引の知識がある自発的な当事者間で、独立第三者間取引条件により、資産が交換される価額をいう。市場性がない場合、減価償却後再取得原価による。

　ニュージーランドの一般目的財務報告の概念報告書では、取得原価システムは、未実現の価値の変化を認識せず、不適切な財務業績尺度を提供するものであり、全ての資産・負債を定期的に再評価することは、包括利益という、より完全な財務業績尺度を提供するとしている。そのため、非貨幣性資産を現在価値で再評価を行うシステムを、修正された歴史的原価システム（modified histrical cost system）と呼び、取得原価システムよりも目的適合性が高いとしている。

2-4. 米国の会計基準

　米国の FASB では、有形固定資産の再評価を認めていない。また、FASAB 及び GASB も、資産の再評価を認めていない。米国では、固定資産の再評価について、伝統的な取得原価主義会計を維持している。現在原価に基づく評価は、客観的な評価ができるか疑問であるとしている。

　このように米国の会計基準は原価モデルを採用しており、英国、ニュージーランドの再評価モデルとは異なる。両モデルの相違点は、固定資産の保有損益をどの期間に利益として計上するかという期間配分の差異である。

2-5. 現在時点の価値に基づく利益測定の議論

　固定資産の再評価に関連して、現在時点の価値に基づく利益測定の議論を検討する。

　① 　現在時点の価値に基づく利益測定の議論

　Whittington［1983: pp.110-151］は、現在時点の価値にもとづく利益測定に関する議論（current valuation basis）について、以下のような見解を述べている。

　財務諸表が資産と負債の配分に関する意思決定や所有主の純資産のような資産と負債に対する請求権に適合的な情報を提供することを期待されているならば、現在時点の価値（current values）は目的適合的な情報であると述べている。なぜならば、現在時点の価値は、取替（再取得原価，replacement cost: RC）や、販売（正味実現可能価額，net realizable value: NRV）、あるいは現在の使用価値（将来キャッシュ・フローの割引現在価値，discounted present value of future cash flows: PV）のいずれであっても、現在利用可能な機会価値を表しているからである。

　また、現在時点の価値に基づく利益計算の役立ちとしては、企業全体の経済的価値を評価するために、企業の期待キャッシュ・フローに関する見通しを形成することが必要になるが、現在価値にもとづく利益測定は、そのような期待を形成するのに適合的な財務情報となる。なぜなら、期待キャッシュ・フローを割り引くことによって企業価値の評価が導かれるが、この企業価値が企業資産の現在価値の総額を超過する部分が主観のれんとなるからである

　しかしながら、現在時点の価値に関する評価基準の選択（choice of current valuation basis）は非常に複雑な問題である。もしも、単一の首尾一貫した評価基準を主張しようとすると、貸借対照表と損益計算書に望ましい評価基準を適用できないことになるか、あるいは、異なった評価基準で作成された異なった財務諸表の選択という問題に直面することになる。

　そこで代替的なアプローチとして、所有者にとっての価値（value to

118

the owner) という評価方法に基づき、代替的な基準の中の適切な価値を
状況に照らして判断するような評価基準を使用することがある。この方法
によって、財務諸表の中で複数の評価ルールを使用することが可能になる。
所有者にとっての価値 (value to the owner)、機会価値 (opportunity
value)、剥奪価値 (deprival value) は、折衷的な評価手法である。これ
は、ある資産を、NPV、RC、PV のいずれかで評価するものである。そ
の基本的方法は、もし資産が剥奪されたとしたら企業が被るであろう最少
の損失を判定するというものである。したがって、資産を取り替えること
が可能で、それに値する場合には、再取得原価が剥奪価値の上限を示すの
で、再取得原価を資産の一般的な評価基準として正当化するためにしばし
ば利用される。

　Whittington ［1986］は、所有者にとっての価値は、もしそれぞれの資
産についてただ 1 つの価値だけしか報告できないと選択肢が制限されてい
るならば、実用的には有用な方法であるが、この評価基準は、強固な理論
的基礎をもっているようには思わないと述べている。利用目的の多様性を
所与とすると、どのようなアルゴリズム (algorithm) も満足のいくもの
ではなく、所有者にとっての価値は、異なる価値の相対的な金額に従って
識別されるものであるが、その他の指標は無視されている。実際には、利
用者は、いくつかの異なる指標を満たすような情報を得たいと思っていて、
購入価格、使用価値、販売価格等の様々な代替的な価値の比較を必要とし
ている。

　そのような状況で、適切な情報を提供するアプローチとしては、多欄式
報告 (multiple column reporting) と呼ばれるような、同じ資産あるい
は取引について複数の価値を提供することである。多欄式報告には、過剰
な情報で利用者を混乱させるという意見と、代替的な評価額の適合性を主
張する意見がある。これに関しては、財務報告の利用者、目的、理解能力、
代替的な価値を測定する実務的な実行可能性など、ある程度実証研究が必
要な領域であるとしている。

②　現在時点の価値に基づく利益測定の実証研究

　現在時点の価値に基づく利益計算に対する実務上の主たる反対は、そこに含まれている主観性（特に割引現在価値の計算）のためであるとされる。筆者の限られた範囲の中での検討であるが、固定資産の再評価に関する実証研究として、大日方の研究報告を検討する。

　大日方［2002: p.398］は、包括利益情報の有用性をめぐる実証研究の中で、有形固定資産の再評価益について、以下のように述べている。

　理論的には事業に拘束されている事業用資産の時価は、企業業績の評価や企業価値の推定にとって関連のない（irrelevant）値であり、それを時価評価することには意味がない。時価評価損益は企業の業績とは一義的な関係はない。一般に、市場で決められている時価は市場平均のキャッシュ・フローが期待されている結果であり、企業は、市場平均以上のキャッシュ・フローの獲得ができると期待して事業投資を継続しており、企業が保有している事業用資産には時価を上回る価値がある。その場合に、投資家が事業用資産の時価を知ったからといって、その情報から企業の将来キャッシュ・フローを予測できるわけではない。したがって、事業用資産の年度の時価評価にも、ストックの時価総額にも、時価情報には有用性がない。なお、この実証研究では、ストックの時価総額情報の有用性ではなく、実現利益の情報に対して有形固定資産の年度の時価変動損益に増分情報価値があるのか否かというのが問題であり、現時点では、その増分情報価値が存在しているとはいえないとしている。

　筆者は、大日方のいう事業用資産の時価は、市場価値としての正味実現可能価額あるいは再取得原価を指していると思われる。大日方の研究の指摘のように、事業用資産に市場価値を用いたとしても、企業の経済的価値（将来キャッシュ・フローの割引現在価値：NPV）の予測には有用性がないということを認識しておくことが必要と考える。事業用資産の市場価値（再取得原価、正味実現可能価額）による評価損益は、将来の使用のために繰り越される資産に関して未実現保有損失を示すことになる。したがって、企業の現在の活動を継続することが必然的なことであると仮定するの

ではなく、企業の資産を代替的な用途に振り向けることによる潜在的な収益を見積もろうとするときには、市場価値が有用な情報となるだろうと考える。

3. インフラ資産の会計をめぐる論点

本章では、公的部門固有の課題として、インフラ資産の再評価と減価償却に焦点を絞って、国際公会計基準、英国、ニュージーランド、米国の会計基準を検討し、再評価のメリット・デメリットを整理し、減価償却の方法を比較検討する。

各国は、それぞれにインフラ資産の会計処理及び評価の会計アプローチを独自に組み立てている。インフラ資産の評価については、固定資産の再評価の考え方がそのまま適用されるが、他方、サービス提供能力の損失の認識には、規則的な減価償却の他に、いくつかの代替的な方法がある。例えば、状態評価に基づく減価償却、更新会計、繰延維持修繕費等がある。

3-1. インフラ資産の定義と特徴

IPSAS 第 17 号では、インフラ資産について普遍的に受け入れられた定義はないが、これらの資産は一般的に下記の特徴の一部又はすべてを有しているとしている（para.21）。

(a) システム又はネットワークの一部である
(b) 性質が特殊のものであり、代替的利用ができない
(c) 移動させることができない
(d) 処分に関して制約を受ける

インフラ資産の所有形態は、公的部門の主体に限られるわけではないが、重要なインフラ資産はしばしば公的部門の中で見受けられる。インフラ資産は、有形固定資産の定義に該当し、IPSAS 第 17 号に準拠して会計処理

される（para.4）。

すなわち、有形固定資産とは、

(a) 財貨の生産若しくは役務の提供に使用する目的、又は外部への賃貸
目的又は管理目的で企業が保有するものであり、かつ、

(b) 1会計年度を超えて使用されると予測されるものである（para.13）。

インフラ資産の例には、道路ネットワーク、下水処理システム、水道及
び電力供給システム及び通信ネットワークなどが含まれる。

インフラ資産の会計に関しては、国際会計士連盟・公会計委員会（IFAC・
PSC［2000]）の研究報告第 11 号「政府の財務報告」が詳細な検討を行
っている。以下、研究報告第 11 号を参考に、インフラ資産に係る論点を
検討する。

研究報告第11号によれば、公的部門の有形固定資産には、インフラ資産、
文化遺産、防衛資産又は軍事資産、天然資源が含まれる。その中で、イン
フラ資産という用語は、しばしば下記のタイプの資産を説明するものとし
て使用される。

橋梁、縁石、水路及び人道を含む道路網、下水設備、水道給水設備、
排水設備、埋立地、洪水制御装置、発電設備、通信網、保養地など

多くの用語の定義にみられる暗黙の考え方は、1つのネットワークであ
るというアイデアである。例えば、道路の長さは、道路システムの一環で
あることから、その潜在的サービス及び将来の経済的便益を生み出してい
る。インフラ資産は、単一のシステムとして考えた場合、一般的に非常に
大きな価値を有する。それらは、利用者にとって、その経済的な価値及び
それらが提供する必要不可欠のサービスの面で重要なものである。それゆ
え、貸借対照表（財政状態報告書）でインフラ資産を独立して示すことに
は、便益があると主張することができる。

インフラ資産は、通常、資産の定義を満たしているが、取得原価のデー

タの欠如と市場性がないことから、インフラ資産の信頼性のある測定はより困難となる。測定への残るアプローチは、「現在原価」、つまり、その資産に内在するサービス提供能力を置き換える現在原価で資産を測定することである。

ひとつのインフラ・システムは、単一の資産、又はより実際的に資産の結合と考えることができる。例えば、水道給水システムは、土地、建物、設備及び給水管網のような種類の個々の資産の結合とみることもできる。個々の資産は、その取得原価（もし利用可能なら）又は水道給水システム全体の中での個々の資産の役目に関連して使用年数及び陳腐化を調整した再取得原価で測定できることがある。例えば、英国では、現時点の再取得価格の見積もりは、取得原価データよりも、資源の配分について意思決定を行う際に、非常に有用な情報を提供するとしている。

3-2. インフラ資産のサービス提供能力の損失の認識

有形資産の取得原価をその見込まれる耐用期間にわたり算術的基準（減価償却）に基づき配分するという一般に認められている慣行は、インフラ資産のような複雑で多重構造的な資産の財務報告には十分に正確であるとはいえないかもしれない。

インフラ資産の減価償却の決定は、ネットワークを組成する多数の要素から構成されること、及び異なる構成要素が異なる度合いにより消費されるという事実があることから複雑なものとなる。道路、水道施設及び下水施設などのネットワークは、非常に長い耐用年数をもち、ネットワークの運用に貢献する多くの独立した構成要素から成り立っている。

実務管理上は、構成資産を会計記録上のものと管理上のものとにグループ化することが必要である。これが行われると、「耐用年数」という概念を資産のグループに適用することはより難しくなる。耐用年数が長く、また、システムが広範囲にわたる場合、あらかじめ定められた単一の「年数」又は償却率を使用することは、システム全体、又はいくつかの主要な構成資産のグループに対して不適当なものになる可能性がある。

123

ここでは、通常の減価償却に代替する方法として、① 状態評価に基づく減価償却、② 更新会計、③ 繰延維持修繕費について検討する。

① 状態評価に基づく減価償却

　インフラ資産の耐用期間は長く、また決定しにくいことから、インフラ資産に対しては状態評価に基づく減価償却がより適切である。このような資産の耐用期間の長さは、資産の質的な内容、減耗の程度、維持修繕の状況などが資産の価値に大きな影響を与えていることを意味する。

② 更新会計

　更新会計（renewals accounting）の方法は、英国のFRS15において、インフラ資産の減価償却に代替する方法として認められている。更新会計とは、① 類似の性質のインフラ資産は単一の資産として取り扱う、② 全体的なサービス提供能力が維持されるという条件で、維持更新支出は費用化され減価償却費は計上されない、③ ネットワーク又はシステムのサービス提供能力を高める追加資産は資産化される、というものである（paras.97-99）。

　更新会計は、英国のように、外部財務報告に認められているところもある。しかしながら、更新会計は、通常、主体がサービス提供能力の変化の査定を可能にする正式な資産管理計画を有しており、かつ、インフラ資産のネットワークが安定した状態で検証できる場合にのみ外部財務報告で認められるということに注意すべきである。システムのすべての構成資産の状態に関する詳細な情報が要求される。

③ 繰延維持修繕費

　繰延維持修繕費（deferred maintenance）の方法は、米国連邦政府の財務会計基準第6号（SFFAS No.6）において採用されている。繰延維持修繕費とは、インフラ資産に対して、実際に行われた維持修繕の金額が、現在の活動レベルを維持するために必要とされる額よりも少ない場合、繰

延維持修繕費が累積する。繰延維持修繕費は、多様な方法で認識される。繰り延べられた維持修繕は、資産の価値を減じていると認識し、それにより資産を評価減することによって、繰延維持修繕費を認識しているところもある（評価性引当金）。財務諸表上の繰延維持修繕費の認識方法にかかわらず、これは将来の資源への内部的な負担を表すので、繰延維持修繕費の全体的な金額に関する情報を示さなければならない。

3-3. 海外諸国のインフラ資産の再評価と減価償却の方法

　本項では、英国政府、ニュージーランド、米国連邦政府及び州・地方政府のインフラ資産の会計基準を比較する。

　①　英国

　償却後再取得原価で５年毎に再評価を行う。年次の評価では、物価変動、スキームの変更、ネットワークのキャパシティ、管理義務の委譲などをかんがみて評価を調整する。

　更新会計（安定した状態を維持していることを条件に、更新支出を減価償却の代用とみなす会計処理）を採用している。更新支出とネットワークの消耗実績との間に重要な差異がある場合は、資産の繰越額を調整する。

　②　ニュージーランド

　償却後再取得原価で評価する。残存価値を30％として減価償却を行う。

　③　米国

［米国連邦政府］

　取得原価評価である。通常の減価償却を行う。時価評価（再調達原価）を採用しない理由として、操作が介入することから適用が困難であるとしている。

　予定された修繕等が実施されなかった場合には、繰延維持費を必須補足情報として示す。繰延維持修繕費（deferred maintenance）とは、政府

が所有する財産について、適時に修繕等を実施しなかった結果として生じる、利用可能な状況にするために必要な費用のことである。繰延維持費の見積もりは、状況評価調査及びライフサイクルコスト予想の方法によって算定される。

［米国州・地方公共団体］

取得原価評価である。通常の減価償却を行う。ただし、超長期のもの、あるいは「修正アプローチ」が適用になるインフラ資産は償却されない。資産に係る支出はすべて発生した期間に費用計上される。修正アプローチの適用要件は、一定の資産管理システムを使用し、適格にインフラ資産管理をしていることである。補足情報として、少なくとも3年に1度は状況評価の結果の公表、予定された維持及び保全費用と実際の支出金額との比較を過去5年間分行うことなどがある。

以上の各国の会計処理をまとめると図表5-4のようになる。

図表5-4 インフラ資産の再評価と減価償却

国名	資産の再評価	減価償却の有無
英国政府	現在原価 （再調達原価）	減価償却しない（更新会計を適用）
ニュージーランド政府		減価償却する（残存価値30％）
米国政府	取得原価	減価償却する（繰延維持修繕費を適用）
米国州・地方政府		減価償却しない（更新会計を適用）

(注)各国において、通常の固定資産の再評価はインフラ資産と同様である。減価償却の方法が異なる。
(出典：筆者作成)

4. インフラ資産の会計の考え方

本項では、公的部門のインフラ資産の会計に関して、その背後にある考え方を検討する。ここでは、政策の意図及び世代間負担の公平性、インフラ資産の会計目的から検討する。

① 政策意図及び世代間負担の公平性

日本公認会計士協会公会計委員会［2006, pp4-5］「研究報告第7号 公

会計原則（試案）」によれば、インフラ資産の会計に関して、超長期的な事業の継続を想定するのであれば、事業の継続が可能な状況を維持できているかどうかが、財務情報の内容となるべきである。その場合、固有の課題として、投下資本の回収で十分か、再投資額の蓄積の必要性があるかどうか、世代間負担の公平をどう図るのかがある。

　インフラ資産の評価方法としては、2つの考え方が存在している。

　ひとつは、インフラ資産の機能を維持したまま将来世代に引き渡すべきものという政策を採用すれば、減価償却後再調達価額による評価が望ましい。再調達原価から生じる減価償却費見合いの料金徴収あるいは何らかの財源措置で、各世代が世代間負担の公平の観点から適切な負担をしていることになる。

　もうひとつは、将来世代のインフラ資産からのサービス享受は、将来世代の決定によるものであり、現在世代は関与しない（すべきでない）という考え方を採用するのであれば、取得原価による評価が望ましい。取得原価から生じる減価償却費見合いの料金徴収あるいは財源措置で、当初建設資金の負担を行い、現在世代でインフラ資産のサービス提供と便益負担をいったん完結させることになる。

「公会計原則（試案）」では、現在のところ、両論存在しており、結論はないとしている。

　後者の考え方について、筆者は、基本的な原理は資産を使用する世代がその代償を払うとしているが、実質的には当初の投資の意思決定の責任は将来の更新時までは負わないというものであると考える。その場合、

①　投資（資本整備）が全額借入金により調達され、かつ、
②　借入金の償還期間が資産の耐用年数と同じである。

と仮定すると、名目的な世代間負担の公平性が保たれるといえるであろう。これを資本概念からみると、設備の更新の直前期には、名目資本＝減価償却後資産＝ゼロ（価値）となり、「ゼロ資本維持政策」と呼ばれるも

のである（Jones［2000, pp.150-180]）。

しかしながら、上記①と②の条件が満たされる可能性は、わが国の政府においては可能性があるかもしれないが、地方公共団体においては、起債制限があり、固定資産の全額を地方債で調達することは現実的ではなく、ゼロ資本維持の政策を採用することは現実的には可能性はない。

筆者は、前者の考え方のように、政府には、インフラ資産の機能を維持したまま将来世代に引き継ぐという責任があると考える。そのような政策目的には、固定資産の再評価としては、物価変動を考慮しなければ取得原価評価で十分であるが、物価変動を考慮するならば理論的には再取得原価が適合すると考える。

② インフラ資産の会計目的

次に、インフラ資産の会計目的から資産評価基準を検討する。

筆谷［1998: pp.173-195］は、インフラ資産評価の目的は、よりよい資産の適切な管理と資産管理計画へのリンクであり、再取得価額による評価を推奨している。インフラ資産の減価償却については、サービス提供能力の減退はありうるが、長期使用資産に対する減価償却は必要でない場合もあり、減価償却にもとづくコスト配分よりも、むしろ、資産の物理的条件に基づいた変化を含めたサービス提供能力の変化の報告が必要である。減価償却会計と更新会計はサービス提供能力の変化の非常に近似した測定手段を生み出すとしている。

山本［1998: pp.202-204］は、インフラ資産の会計目的は、①アカウンタビリティの検証（フローとストックの両面)、②資源の効率的管理（コスト把握と評価)、③適切な維持管理に資することである。そのためには、インフラ資産の長期効用の特性から、単に建設コストを解消すれば足りるのではなく、建設、供用及び処分の全工程にわたるライフサイクルコストを節減することが必要である。そのために建設から処分まで同じ尺度で測定するシステムが要求される。インフラ資産の評価方法としては、実質資産維持が社会的共通基盤施設の特性から要請され、歴史的原価（取得価額）

ではなく、再取得価額が適切である。公的部門には、更新を繰り返しながら恒久的にサービス提供能力を維持する責務があるとみなすべきである。歴史的原価では、建設時点が異なる部門間でストック残高の比較が不能であり、コスト比較も不可能であり、効率性の判断を誤らせる危険性がある。インフラ資産のストック性を認め効用の発現期間に費用配分することを認識するならば、資産管理としてストックをフローと同じ尺度で測定することが妥当であるとしている。

石田［2006: pp.68-69］は、利益を目的としない自治体において、企業会計の論拠のみで、固定資産の再評価を認めないという論拠にはなりえず、アカウンタビリティを評価するという別の視点から考えることが重要であると述べている。財務報告の目的は、利用者がアカウンタビリティを評価し、経済的、政治的、社会的意思決定に有用な情報を提供することであるという観点にたつと、サービス提供の成果とコストとの比較分析により経済性、効率性が判断される。そのため取得原価による費用配分が適切なコストであり、取得原価が望ましい。長期間にわたり所有される固定資産は、住民の求めるサービスの質及び量が変化することが予想されることから、時価情報を補足情報として開示することが有用であるとしている。

IPSASB［2010c］においては、剥奪価値モデルが、特定の状況で最も目的適合性があり、特定の測定基礎が選定される合理的根拠を提供するものであるとしている。しかしながら、剥奪価値モデルは、測定基礎の中から目的適合性のみの根拠で選択されるため、その他の質的特徴を十分に反映するかどうかも検討する必要がある。特定のケースでは、使用価値が優先する場合や取得原価などの代替的な測定基礎が選定されることもあり、このアプローチは質的特徴の間の適切なバランスを取る必要があるとしている。

筆者は、公的部門の存在は、住民にとって福祉の向上を図ることが目的であり、そのような公的部門には、世代間の負担の公平性を図りつつ、住民へのサービス提供能力を継続的に維持するという目的があると考える。そのためには、固定資産のサービス提供能力を常に現在原価で評価し適切

に維持更新を図っていくことが必要であり、固定資産を現在原価で評価するにあたっては、再取得原価（償却後再取得価額）が、更新が行われるであろう継続企業（政府・地方政府）の経済活動の評価のために適合している。しかしながら、実際の再取得原価は、物理的な取替（再生産原価）、サービスの再調達（操業能力維持）、あるいはその他の規準など、想定されている利用目的や状況に基づき定義される必要があると考える。

　インフラ資産については、一定の資産管理計画を作成し、定期的に状態評価を行い、効率的で効果的な維持管理を行うことが求められている。そのような目的からは、維持補修費（更新支出）とネットワークの消耗実績とに重要な差異がないかどうかを常に確かめて、国民に説明責任は果たすことが求められる。インフラ資産のサービス提供能力の損失（減価償却）の認識については、再取得原価に基づき再評価を行った後に減価償却費を計上するという方法が理論的ではあるが、減価償却の代替的な手法として、英国のような更新会計を位置付けることができる。更新会計の適用条件として、維持管理の適正性を常に評価する必要があり、その意味では、状態に応じた価値の減耗を表している。また、米国の公会計のように繰延修繕費の採用や、更新会計を減価償却の代替とする考え方にも目的適合性があると考える。

　道路のように超長期にわたり利用が可能なインフラ資産でも、長期的には全面的な取替や更新をしなければならない時期が来ることは確かである。また、最近は、インフレーションは低い水準で推移しているが、長期的にみれば世界経済はインフレーションの傾向がみられる。また技術革新も著しい。そのような視点からは、単なる再取得原価の評価ではなく、より機能を高めたり、あるいはトータルの維持管理費用を節減したりできる投資計画を検討できるような情報が必要である。

5. 小括

　固定資産の再評価をめぐって、企業会計における議論として、現在価値

評価と取得原価評価を中心にそれぞれの論拠を検討してきた。意思決定の有用性や受託責任の解除という視点からは、いずれの評価も目的適合性があると主張している。差異の背景には、規範的なアプローチと、実証的なアプローチの差異が影響しているかもしれない。

本章では、財務業績概念という会計構造論の視点から、資産評価の問題点の整理をすることで、より普遍的な視点を提供することができるのではないかと考える。財務業績概念からみると、固定資産の評価問題は、財務業績の概念の一部であり、資本維持概念と資産評価基準という要素の組み合わせである。英国も米国もいずれも企業観は資本主アプローチであり、資本概念は名目貨幣資本維持である。相違点は、資産評価に関して、英国は現在原価であり、米国は取得原価である。2つの資産評価の相違は、全体利益（投資から回収まで）は同じであるが、全体利益の期間配分の方法だけが異なることである。さらに、英国では、未実現利益系と実現利益系の区分は実質的に消滅しており、財務業績は操業利益と保有利得に区分されて表示されている。

Whittington［1983］は、企業の業績評価において、操業利益と保有利得を分離して、利益の内訳を示すことは、企業実体アプローチを、（保有利得を加えた）資本主アプローチと調和させることになると述べている。英国の会計基準の根底には、企業実体アプローチへの指向があり、資本主アプローチを前提としている現状の会計基準との統合をめざしているともいえる。

最後に、わが国自治体への発生主義の導入にあたっては、企業会計の会計基準及び会計実務を土台とすべきであり、いたずらに固定資産の公正価値評価を唱えるべきでないと考える。まずは、固定資産台帳を適切に整備し、取得原価に基づく把握を行うべきである。

なお、東京都では、複式簿記・発生主義の導入により、財務会計上の固定資産の残高が初めて帳簿残高として把握することができることになった。この帳簿残高と固定資産台帳の残高とを照合することにより、内部統制組織が整備されて、真に信頼性の高い固定資産の管理情報が提供される

ことになる。その情報の活用によって、固定資産の有効活用や遊休資産の処分など財務マネジメントの強化を期待できるものである。発生主義会計の導入の大きなメリットといえる。

そのような実務的なメリットにも配慮しながら、公会計の理論として、固定資産の再評価について考察することが有用であると考える。

●第**6**章●

非交換取引収益(税収及び 補助金)の会計

はじめに

公会計の固有な課題のひとつとして、非交換収益（租税及び移転）がある。

非交換収益には、① 租税と② 移転（債務の免除及び債務の引き受け、罰科金、遺贈、現物給付を含む贈与及び寄贈、サービスの現物給付）が含まれる。租税とは、政府に対して収益を提供するために確立された法律又は規則に従って公的部門の主体に対して強制的に支払う義務のある経済的便益又はサービス提供能力である。移転とは、租税を除く非交換取引による将来の経済的便益又はサービス提供能力の流入である。

IPSASB は、IPSAS 第 23 号「非交換取引による収益」（IPSASB［2006c]）を公表している。IPSAS 第 23 号においては、収益は、広い意味での「拘束」（stipulation）という概念にもとづき、収益は、「条件」（condition）と「制限」（restriction）に分けられて認識することになる。条件とは、資産の使用のための要件で、これを満たさなければ移転された資産の返還義務を負う。したがって、会計上も資産の認識とともに負債の認識を伴う。制約は、これが満たさなければ返還する義務を負うというものではなく、したがって、負債は認識されない。つまり、拘束の度合いによって負債を認識するかどうかで収益に反映させる会計処理である。

また、移転収入のうち、政府から地方公共団体（都道府県、市区町村）への補助金、あるいは都道府県から市区町村への補助金の中には、資産形成へ充てるための補助金（建設補助金）がある。わが国の地方公共団体の「統一的な基準」では、経常的な補助金も資産形成に係る補助金も、共に財源として、純資産変動計算書に直入する取扱いがなされており、財務業績計算書には反映されていない。

　本章の構成としては、はじめに公的部門の財務業績概念について検討した後、公的部門の非交換収益の会計について IPSAS 第 23 号を手掛かりに検討する。建設補助金については、企業会計及び地方公営企業における政府補助金の会計を検討した後、公的部門の建設補助金の会計について検討する。最後に、わが国の地方公共団体会計の論点を整理し、筆者の意見を述べる。

1. 非交換収益(税収及び補助金)の会計

1-1. IPSAS第23号の概要

　IPSASB は、① 多くの公的部門の主体にとって非交換収益（租税及び移転）は収益の大部分を占めていること、② 現在まで、租税収益の認識と測定を取り扱った一般に認められた国際財務報告基準は存在していないことから、非交換取引による収益に関する IPSAS 第 23 号を策定している。

　IPSAS 第 23 号の特徴は、概念フレームワークに準拠して、資産・負債アプローチを採用していることである。そのため、主体が非交換取引から生ずる資源の流入について、取引分析のアプローチを採用して、それらが資産の定義と認識規準を満たすかどうかの判断を行い、また、それを満たす場合に負債も認識されるかどうかの判断を行うこととしている。

　IPSAS 第 23 号では、資産・負債アプローチを適用するうえで、交換取引、非交換取引、条件及び制限の負債概念を以下のように定義している。

　交換取引とは、主体が資産又はサービスを受領するか、負債を消滅させ、それと交換に他の主体に対して直接的におおむね等価の価値（主として、現金、財貨、サービス、又は資産の利用）を与える取引である。

　非交換取引とは、交換取引以外の取引をいう．非交換取引においては、主体は、他の主体に直接的におおむね等価の価値を与えることなく他の主体から価値を受領するか、又は直接的におおむね等価の価値を受領することなく他の主体に価値を与える。非交換収益には、租税と移転が含まれる。

　非交換収益の会計処理は、資産の移転が、受領主体に「条件」を課す場

合には負債に計上することを求めているが、それ以外の場合は収益計上しなければならないとしている。負債計上の「条件」は次のように定義されている。

　移転資産に付された「条件」とは、資産が有する将来の経済的便益又はサービス提供能力が受領者によって指定されたように費消されることを要求し、その要求が満たされない場合には、将来の経済的便益又はサービス提供能力を移転者に返還することを規定した合意事項である。したがって、受領主体は、「条件」の付された資産の支配を最初に得たときに第三者に対して将来の経済的便益又はサービス提供能力を移転するという「現在の債務」を負うことになる。「現在の債務」とは、特定の方法によって行動するか又は履行する義務であり、非交換取引に関連した負債を生じさせるものである。

　これに対して、「制限」とは、移転資産の利用に関し、規制するか、又は利用目的を指示する合意事項であるが、指定したように利用されない場合に、将来の経済的便益又はサービス提供能力を移転者に返還することを規定していない合意事項である。「制限」が付された資産の支配を得ることは、「現在の債務」を課すものではない。受領主体が制限に違反した場合、移転者、又は第三者は、例えば、当該事項を裁判所若しくはその他の法廷に訴えるか、又は政府省庁若しくは当局その他による処分などの行政上の手続きを通じて受領主体に対して罰則を求めるというオプションを持つことになろう。このような法的行為は、主体が制限を完全に守るか、あるいは裁判所、その他の法廷又は当局を否定することに対する民事又は刑事の罰則に直面する結果になることがある。このような罰則は、資産の取得の結果として生ずるものではなく、制限に対する違反の結果として生ずるものであり、負債には該当しないものである。

1-2. 非交換取引による資源流入の分析

　非交換取引による資源流入の分析を取引のフローチャートにそって概要をみておく。図表6-1のフローチャートは、資源の流入があった場合に

136

図表6-1　資源の流入の分析に関する例示(フローチャート)

```
┌─────────────────┐              ┌─────────────────┐
│ 流入は資産の定義を満たす │              │ 資産の増加とは認識 │
│ 項目に該当するか?     │─────────────▶│ しないが、       │
│ (IPSAS 第1号)      │              │ 開示を検討する    │
└─────────────────┘              │ (para. 36)      │
         │                       └─────────────────┘
         ▼
┌─────────────────┐              ┌─────────────────┐
│ 流入は資産の認識基準を │              │ 資産の増加とは認識 │
│ 満たすか?         │─────────────▶│ しないが、       │
│ (para. 31)       │              │ 開示を検討する    │
└─────────────────┘              │ (para. 36)      │
         │                       └─────────────────┘
         ▼
┌──────────────┐   ┌──────────────┐   ┌──────────────┐
│ 流入は所有者からの │   │ 取引は非交換取引 │   │ その他の      │
│ 拠出によるものか? │──▶│ であるか?     │──▶│ 国際公会計基準を │
│ (paras. 37-38)│   │ (paras. 39-41)│   │ 参照する     │
└──────────────┘   └──────────────┘   └──────────────┘
         │                  │
         ▼                  │
┌──────────────┐          │
│ その他の国際公会計基準│          │
│ を参照する      │          │
└──────────────┘          │
                           │
                           │        ┌─────────────────┐
                           │        │ ・負債が認識されない範囲で、│
                           ▼        │ 資産と収益を認識する、かつ │
┌─────────────────┐        │ ・現在の債務が満たされてい │
│ 主体は流入に関連する   │────────▶│ ない範囲で負債を認識する │
│ すべての現在の債務を満たしたか? │        │ (paras. 44-45)  │
│ (paras. 50-56)    │        └─────────────────┘
└─────────────────┘
         │
         ▼
┌─────────────────┐
│ 資産を認識し、かつ、収益を認識する │
│ (para. 44)        │
└─────────────────┘
```

(出典:IPSAS23: para.29)

収益が生ずるかどうかを決定するために主体が行う分析手順を例示してい
る。

　概略は以下のとおりである。

　フローチャートに沿ってみていくと、資産の定義を満たす非交換取引そ
の他サービス給付による資源の流入は、資産として認識される（資産の定
義は、(a) 資産に関連する将来の経済的便益又はサービス提供能力が主体
に流入する可能性が高く、かつ (b) 資産の公正価値を、信頼性をもって
測定できることである。)。

次に、その取引が所有者からの拠出であるかどうかを判断する。

資産が、交換要素と非交換要素を有する取引によって取得された場合、主体は交換要素を他の国際公会計基準の原則及び要求事項に従って認識する。非交換要素は、本基準の原則及び要求事項に従って認識する。取引において、交換要素と非交換要素を識別するには、専門的判断が求められる。交換要素と非交換要素を分離することが可能でない場合には、取引を非交換取引として取り扱う。

次に、それが負債に該当するかどうか、現在の債務とは、特定の方法によって行動するか又は履行する義務であり、非交換取引に関連した負債を生じさせるものである。現在の債務は、法律若しくは規則の規定又は移転の基礎をなす拘束力のある取決めによって課されることもある。

最後に、収益の認識であるが、資産として認識される非交換取引からの資源の流入は、同じ流入に関連して負債が認識される範囲を除いて収益として認識される。

このように非交換収益については、資産負債アプローチに基づき、拘束性の程度により収益を認識するという考え方である。

2. 米国州・地方政府及び英国の地方政府公会計における非交換収益の会計

ここからは米国と英国の公会計における非交換収益の会計を検討する。

2-1. 米国州・地方政府の会計

GASB は、「第33号：非交換取引の会計と財務報告」（GASB［1998］）を公表している。

ここでは、「交換取引」を「各取引当事者が本質的に同等の価値を受け取り、かつ、与える取引である。」と定義し、非交換取引を「政府が交換において直接同等の価値を受け取ることなしに、価値を与える取引である。」と定義している。

非交換取引は、主要な性質の違いから、

① 派生租税収益取引（derived tax revenue transactions）
② 賦課非交換収益取引（imposed nonexchange revenue transactions）
③ 政府強制非交換収益取引（government-mandated revenue transitions）
④ 自発的非交換取引（voluntary nonexchange transactions）

の４つに分類して、それぞれ資産の認識時期と収益の認識時期を示している。

GASB 第33号の会計処理では、資源（税収等）を受け取り、その基礎にある交換取引（the underlying exchange）が生じたときに収益として認識するが、それ以前に受け取った資源は、繰延収益（deferred revenues）として負債に計上するという特徴がある。繰延収益の事例として、課税期間前の固定資産税の認識（受取債権）が紹介されている。

また、全ての非交換取引について、受取資源に付される使用目的の制限（purpose restrictions）は、資産及び収益の認識に影響を与えないとしているが、純資産が拘束されていることを財務諸表本体（貸借対照表）で開示することを要求している。

2-2. 英国地方政府の会計

英国勅許公共財務会計協会（The Chartered Institute of Public Finance and Accountancy：以下、CIPFA とする）は、地方政府の会計基準である「地方政府の会計実務コード」（Code of Practice on Local Authority Accounting in the United Kingdom：以下、Code of Practice とする）を公表している。その中で、税金収益を発生主義に基づき計上することと規定している。

また、政府補助金及び寄付金については、

① 発生主義に基づき、受け取る条件が満たされ、受け取ることが合理

的に確実になった時に資産を認識すること

② 税収の認識は関連する費用に対応させること

③ 固定資産取得のための政府補助金及び寄付金は、繰延補助金勘定
（government grants-deferred account）に貸記し、関係する固定
資産の減価償却費に対応するように収益勘定に振り替えることを定
めている。

この規定は、会計実務基準書（Statement of Standard Accounting
Practice: SSAP）「第4号：政府補助金の会計」に準拠するものである。
SSAP第4号は、IAS「第20号 政府補助金の会計処理及び政府援助の開示」
と同様な考え方に基づいているものである。

このように米国の州・地方政府や英国の地方政府では、税収や建設補助
金については繰延収益に計上して期間配分する会計処理を採用している。
その根底にある考え方として、米国では、収支均衡予算制度を背景にして
公会計には期間負担の衡平性の思考があり、収支均衡予算が財政の目標で
あることに対して、期間負担の衡平性の概念は発生主義会計上の目標では
なく、政府の説明責任を査定するという位置付けになっている。

他方、英国では、企業会計に準拠して、IAS第20号の考え方（繰延収益）
をもとにしていると考えられる。

3. 公会計における税収の会計

これからは、非交換収益のうち、税収と建設補助金を巡る議論を検討す
る。

わが国では、税収は「所有者からの拠出」か「収益」かという議論があ
る。

税金を出資とみなす考え方の背景には、住民との間で出資関係を擬制す
ることで住民に対する政府・地方公共団体の公的説明責任の所在を説明し
やすいということがある。しかしながら、会計理論的に説明できない出資

関係を擬制するのではなく、資金提供者（住民）と資金受領者（政府・地方公共団体）との間に公的な説明責任が存在するということから、公会計の理論的な枠組みを構築するべきであると考える。

　ここでは、IPSAS の考え方を手掛かりに、税収が出資に該当するかどうかを検討する。

　IPSAS 第 1 号「財務書類の表示」〔IPSASB 2006a〕では、所有者からの拠出について「報告主体の外部の当事者によって拠出された将来の経済的便益又はサービス提供能力のうち、結果として主体の負債になるものを除く主体の純資産・持分に対する財務的持分を確立するものをいい、以下のような性質をもつもの」（para.6 ）と定義している。

① 　所有者又はその代表者の意思で行われる分配のように、存続期間中に報告主体が行う将来の経済的便益又はサービス提供能力の分配に対する優先的権利及び

② 　報告主体が廃止又は清算される事態において資産が負債を超過する金額の分配に対する権利をもたらすものであり、かつ（又は）、

③ 　売却、交換、移転又は償還可能なものである。

　税収が所有者からの拠出といえるか否か、上記の①、②、③の３つの性質から検討する。

① 　報告主体が行う存続期間中の分配に関する優先的権利について
　　このようなものが納税という事実に基づいて住民に与えられているとは考えられない。

② 　報告主体が廃止又は清算される事態における残余財産の分配権について
　　元来、地方公共団体が廃止又は清算される事態が生ずる可能性があるか否かも問題であるが、たとえ、そのような事態として市町村合併を想定しても残余財産の分配に相当する持分の調整計算など実施

されることはなく、このような権利もまた上記と同様、納税という
事実に基づいて住民に付与されているとは考えられない。

③　拠出に対する売却権、交換権、移転権、償還権の付与について
　　住民の当該地方公共団体外への転居にともなってこれらの権利が移
　　転することはなく、これも上記と同様、このような権利が納税とい
　　う事実に基づいて住民に付与されているとは考えられない。

　以上みたとおり、住民は主権者であるが、住民の主権者としての権利は
納税という事実によって付与されているものではなく、税収は「所有者か
らの拠出」でないことは明らかである。税収は、対価性のないものである
が、「所有者からの拠出」以外で純資産の増加をもたらすものは収益とす
るのが適切であると考える。

　ところで、山本［2002: p.12］は、政府の経営モデルの視点から、税
収の会計と財務業績計算書の様式をみていくと、「単一エンティティ説」
と「税資金流入説」とに整理ができると述べている。

　単一エンティティ説とは、政府全体の費用は個々のサービスにかかる費
用を集計したものであるが、収益は個々の施策にかかるサービスの価値を
反映したものでなく単なる充当財源の合計にすぎない。しかし、政府自体
を1つの経済主体たるエンティティとみなす場合、国民に対する政府全体
のサービスと国民が負担した税等で支払った額は一致することから、政府
全体と国民全体では対価性ある取引が行われているとみることができると
いうものである。かくして、財務業績計算書において、税は経常収益とし
て認識され、行政費用を控除した後に、純余剰（欠損）が計上される。実
務的にこの説を採用しているのは、オーストラリア連邦政府、ニュージー
ランド、米国州政府・地方政府等である。

　他方、税資金流入説とは、税収を経常収益とみなさず議会決定にかかる
財源確保策とみなし、損益計算書に相当する財務業績報告書から除外して
資金収支計算書において認識するものである。政府会計の経営モデルと企
業会計の経営モデルとの整合性を追及する場合、政府の財源調達の非自律

性から、会計と資源配分計画である予算との関係をどう考えるかという課題に踏み込まざるをえなくなる。会計は資源管理と消費過程を測定するだけの事後的な情報を産出するにすぎないという限界を克服しようとすると、市場価格に見合うコストで行政サービスを供給させる構造を確立することと、予算段階で発生主義的な資源消費と成果認識が必要となる。つまり、予算の資源配分過程における議会の関与を考慮して、資源配分後の活動実績を測定伝達する仕組みを構築することが必要になる。かくして、税資金流入説では、行政府は独立採算的に運営されるプロフィットセンターではなく、コストセンターとみなされる。実務的には、英国政府、米国政府はこの分類に該当するとしている。

　筆者は、財務諸表の報告主体の視点からみると、税資金流入説は、予算管理に主眼を置いたものであるが、英国政府の資源会計は省庁が報告主体となっている。また、WGA（全政府会計）では、地方政府を連結した中央政府が報告主体となっている。英国政府の資源会計は、省庁別の運営費の予算実績管理が目的であり、税金は予算割当として扱われ省庁の主たる活動ではないとしている。予算割当は、運営費計算書には表示されず、キャッシュ・フロー計算書において財務的収入として扱われている。他方、WGA（全政府会計）でみると税収は収益として認識されている。

　他方、米国連邦政府の会計では、議会は歳出予算のみを承認する制度になっており、歳入予算は承認事項ではないため、純資産変動計算書において歳出の財源という位置付けをされているものであるが、税収は収益としている。

　このように、報告主体という視点でみると、税資金流入説は省庁を報告主体としているもので、予算管理に重点をおいたモデルとして理解できるのであって、税収の会計上の定義を収益から資本拠出に変更しているものではないと考える。

4. 公会計における政府補助金の会計について

　本項では、政府補助金、特に建設補助金を巡る意見を検討する。はじめに IAS 第 20 号をもとに企業会計における政府補助金の会計を検討し、その後、地方公営企業会計、政府等の公的部門の会計を検討する。

4-1. IAS第20号「政府補助金の会計」の考え方

　企業会計における政府補助金の会計については、IASB から IAS 第 20 号「政府補助金の会計処理及び政府援助の開示（IASB［1994］）が公表されている。

　IAS 第 20 号によれば、政府補助金とは、政府による援助であって、企業の営業活動に関する一定の条件を過去において満たしたこと又は将来において満たすことの見返りとして、企業に資源を移転する形態をとったものをいう。政府補助金には、「資産に関する補助金」と「収益に関する補助金」がある。資産に関する補助金とは、補助金を受ける資格を有する企業が固定資産を購入し、建設し、又はその他の方法で取得しなければならないことを主要な条件とする政府補助金をいう。資産の種類、設置場所、資産の取得時期又は保有期間を制限する補足的な条件が付されることもある。収益に関する補助金とは、資産補助金以外の政府補助金をいう（para. 3）。

　いずれの政府補助金についても、「補填される関連費用と対応させるために必要な期間にわたり、規則的に収益として認識しなければならない。政府補助金は直接株主資本に貸方計上してはならない。」（para.12）としている。従って、資産補助金については繰延収益として負債に計上し、関連費用と対応させて取り崩していくことになる。

　政府補助金の会計処理には、一般的には２つの考え方がある。

① キャピタル・アプローチ：補助金を直接株主持分に貸方計上する
② インカム・アプローチ：補助金を１期あるいは数期にわたり収益

として計上する

　キャピタル・アプローチの支持者によれば、政府補助金は財政的援助が目的であり、補助金が賄う費用と相殺するために損益計算書を通過させるべきではない。返済が予定されていないので、直接株主資本に貸方計上すべきである。政府補助金は、営業活動の成果として稼得されたものではなく、政府から供与された奨励金であるから、損益計算書で認識することは適切でないというものである（para.14）。

　他方、インカム・アプローチの支持者によれば、政府補助金は、株主から受け入れたものではないので、株主持分に貸方計上するべきでなく、適切な期間にわたり収益として認識すべきである。企業は、補助金交付の条件に従い、与えられた責務を果たすことにより、補助金の交付を受ける。したがって、補助金は利益として認識し、関連費用と対応させるべきである。また、法人税及び租税が費用計上されるのであるから、財政政策の延長上にある補助金も損益計算書で処理するべきであるというものである（para.15）。

　また、資産に関する補助金の表示については、公正価値により測定される非貨幣資産による補助金を含めて、繰延収益として計上する方法、又は、補助金額を控除して資産の帳簿価額を算定する方法のいずれかによって、貸借対照表において表示しなければならない（para.24）。収益に関する補助金の表示は、その他の収益のような一般的な科目名で損益計算書の貸方項目として表示するか、関連費用から控除して報告する方法がある（para.29）。政府補助金の返還義務が生じた場合には、会計上の見積もりの修正として会計処理しなければならない（para.32）としている。

4-2. IAS第20号の問題点とIASBによる再検討

　IASB では、FASB との短期統合化のテーマとして、法人所得税及び政府補助金をあげて議論を行っている。従来から IAS 第 20 号は、概念フレームワークに抵触するという批判があり、IAS 第 20 号の見直しの必要性

は強く認識されていた。それは、政府補助金を補填しようとしている費用と対応させるために、① 政府補助金を「繰延収益」として負債で認識する会計処理、② 有形固定資産の取得に対する政府補助金を取得原価から控除する会計処理（圧縮記帳）、③ 非貨幣性資産を政府補助金として受領した場合には名目価値（nominal amount）で計上するなど多様な会計処理が認められていることである。

IAS 第 20 号の改定に関しては、IAS 第 41 号「農業」（IASB［2001］）の中の政府補助金の規定に置き換えることが暫定的に合意されていた。しかし、IAS 第 41 号でも条件付き政府補助金の会計処理が概念フレームワークと抵触する恐れがあることや、IAS 第 37 号「引当金、偶発債務及び偶発資産」（IASB［1998］）の検討を待ってから本プロジェクトの議論をしたほうがよいと考えられることから、本プロジェクトの議論を先送りにすることが暫定的に合意された（IASB 会議報告、第 54 回議事録、2006 年 2 月）。暫定合意された内容は以下のようなものであった（IASB 会議報告、第 37 回議事録、2004 年 7 月）。

IAS 第 41 号「農業」の中にある政府補助金の会計は、見積販売時費用控除後の公正価値で測定される生物資産（biological assets）に対する政府補助金に関するものであり、以下のような規定がなされている。

① 条件の付されていない政府補助金はその受領が確定した時点で収益として認識する。
② 条件が付されている場合には、条件が満たされた時点で収益として認識する（政府補助金が時の経過によって一部を返還しないことを認めている場合には時間の経過とともに収益として認識する方法を含む）。

条件が満たされるまでは、政府補助金を返還しなければならないかどうかにかかわらず全額を負債として認識することを求めている。

改定予定の IAS 第 37 号「引当金、偶発債務及び偶発資産」では、偶発

債務(条件付きの義務)に対する考え方を変更し、偶発債務は、通常、①無条件の義務と、②条件付きの義務に分解されるという考え方を採用し、条件付き債務は条件が充足されない限り負債として認識されないものの、無条件の債務は負債として認識できることになる。

その結果、IAS第41号に追加すべき適用ガイダンスとして以下のことが合意されている。

① 「条件付き」政府補助金の定義の追加

　「条件付きとは、現在その発生が起こりえないと考えられているものを除く特定の将来事象が発生するか又は発生しない場合に、政府が付与した資源を返却させることができる条項である。」ここでは、「現在その発生が起こりえないと考えられていないことが必要とされる」という制限が導入されている。単に条件付きというだけで収益認識が遅れることがないようにするためのものである。

② 政府補助金の認識時点

　政府補助金を受領することができる権利を得た時点で認識することが暫定的に合意された。

③ 政府補助金の資産又は負債としての認識

　政府補助金を受領することができる権利を得た時点で資産として認識し、政府が返済条件を放棄した場合には負債のマイナスとして認識することが暫定的に合意された。

以上のような検討を行ったが、IAS第20号の見直し(FASBとの統合)は、当面見送りになった。

筆者は、IAS第20号は、繰延収益という概念が負債の定義に抵触していることから、企業会計においても、IPSAS第23号のように拘束性により負債を認識することが適切であると考える。

IASBとFASBとの統合化の検討の中で、米国会計基準書(SFAS)第116号「寄付金」[FASB 1993]は概念フレームワークと一貫性のあるモ

デルのひとつであるとされている。しかしながら、これは整合的なものの1つの例示を示しているにすぎないとされている。

FASB の SFAS 第 116 号「受入れた寄付及び提供した寄付に関する会計処理」(1993 年) では、寄付金収入 (contributions) は、特定の場合 (人的サービス、芸術作品の寄贈等) を除き、収益あるいは利得として認識する。寄付者によって付された制約は、資産を特定の使途に用いなければならないという受託責任に焦点をあてたものであり、法人は資産を用いて受益者にサービスを提供するという受託責任を負うが、金銭の支払義務等は生じない。したがって会計上の負債ではないとしている。

4-3. 企業会計及び地方公営企業会計における建設補助金の議論

わが国の企業会計においては、建設補助金の受入れは、収益計上しなければならないが、課税の繰延べを行うか否かの選択や、課税繰延べを選択した場合に固定資産の直接減額方式と利益処分方式の選択が可能になっている。これは、昭和 49 年の企業会計原則の修正により、第三貸借対照表原則の五 F で「贈与その他無償で取得した資産については、公正な評価額をもって取得価額とする。」とし、その特則として、企業会計原則注解注 24 が、「国庫補助金、工事負担金等で取得した資産については、国庫補助金等に相当する金額をその取得価額から控除することができる。」とし、法人税上の課税繰延べの措置に対応して直接減額方式を任意規定としたためである。

ここで、建設補助金の会計的性格を巡る議論を検討しておこう。

醍醐 [1981: p.157] は、建設補助金の会計的性格について、アメリカ・イギリス・西ドイツの国際比較研究を行い、これらの海外諸国の公企業では、「圧縮記帳方式または前受収益方式が優勢であるが、わが国の通説及び実務の大勢が資本剰余金説に傾いているのと好対照をなしている」と述べている。醍醐 [1981: p.160] によれば、「建設補助金の本質は、料金抑制の見地から割高な工事原価を料金外で補償する対価である」として、その効果は、それを受け入れる公企業に贈与という形で帰属するのではな

く、「料金軽減という形で最終需要家に帰属するもの」と解して、一定の減価償却に見合う収益の前受であるとして、「前受収益説」を支持している。

　なお、わが国法人税法は、利益説を採っており、法人の資本を株主の払込資本に限定して、その他の純資産の変動項目はすべて利益とみる考え方である。建設補助金は究極において株主の利益に帰属するものという考え方であり、長期的な利益助成であるとみる考え方である。

　笠井［2005: pp.512-516］は、醍醐の主張を評価しながらも前受収益というより預り金ではないかと述べている。企業は、建設助成金を国家より一時的に預かり、販売時（サービス提供時）に利用者に対して支払うことで通常価格より割安な価格を実現しているとみることができる。「資金の受入先と返済先は違っているが、一種の預り金という性格を備えているとみてよいのではないだろうか」としている。

　新井［1985: p52］は、建設補助金を当該徴収年度の利益として全額計上することは妥当ではなく、建設された固定資産の耐用年数にわたって計上すべきであると主張して、建設費の償却費を補うものとして、毎期、利益に振り替えるべきものであり、債務たる性格の収益つまり「前受収益」ではなく、債務たる性格はもたないけれど期間損益計算目的上繰り延べられる収益つまり「繰延収益」とするほうが妥当であると述べている。

　しかしながら、商法上、法的債務以外の項目で負債に記載することができるのは商法第287条の2に規定する引当金のみであるとの解釈に立てば、繰延収益説には商法上のネックがある、として制度会計に配慮している。

　建設補助金の会計学的性格について、新井［1985: pp.73-79］は、資本剰余説、利益説や前受収益説、負債性引当金説などが見られるが、それらは妥当な見解であろうかとして、繰延収益説を支持している。通説は、資本剰余金説であるが、その根拠は資本としての性格をもつためであるとして、①株主による追出資説、②国等による資本の拠出または補充説、③資本維持論説等に対して次のような批判を行っている。

① 株主による追出資説は、株主が贈与した場合に、追出資とみなす説である。しかしながら、その見返りとして配当請求権や議決権、残余財産請求権などの株主権が贈与者に与えられるものではない。また、株主以外の者による贈与も出資とはみなせない。

② 国等による資本の拠出または補充説は、国等からの補助金を資本に準ずるものとみなす説である。しかしながら、補助金の交付が何ゆえ国家等からの資本の拠出または補充であるのか、資本、拠出、補充の会計的・法律的な意味が不明である。以下の３つの問題点を指摘している。

第１に、貸借対照表の借方側の資産項目と貸方側の負債・資本項目とを個別に結びつけて、資本的支出によって得た財産項目（キャピタル・アセッツ）とその財源たる資本項目（キャピタル）を結びつけて後者の性格を決めることは複会計制度の名残りであって、近代会計学が採っている考え方に反する。近代会計学では、貸方項目は借方項目の全体的な資金的源泉または財源を示すものであって、その会計的性格は、借方側における使途によって決まるものではないからである。

第２に、資本的支出と収益的支出という使途のいかんによって、国庫補助金を資本とみたり、利益とみたりする考え方そのものが正しくない。株式発行による調達資金を資本的支出に充てた場合には資本説を採り、収益的支出に充てた場合は利益説を採るという考え方が正しくないのと同様である。

第３に、資本的支出と収益的支出との相違は、その支出の効果が長期か短期かの違いにあるわけであるから、収益的支出に充てた国庫補助金をその期の収益（利益）とするならば、資本的支出に充てた国庫補助金も支出の効果が及ぶ期間にわたって利益に振り替えて消却していくことが理論的である。

③ 資本維持論説は、国からの補助金がその補助金による取得資産を恒久的に維持することを目的として交付された場合には、資本に準じて処理

されるべきであるという説である。しかし、事実問題として、恒久的に維
持しなければならないことを義務付けた補助金の交付がありえるのであろ
うか。もしもそのようなケースがある場合には、補助金交付は贈与の範疇
を超えるものであり、負債会計上の問題であるとしている。

　また、実体資本維持論について、新井［1985: pp. 82-84］は、取得原
価主義会計は名目資本維持であるが、「現実の貨幣経済社会の実際の貨幣
収支にもとづく会計であり、将来の貨幣収支額を想定したゾレン（筆者注:
こうあるべきという規範命題）としての会計計算は本質的に入っていない」
としている。他方、取替原価主義会計は実体維持を目的とする実体資本維
持会計であるが、「ゾレンとしての実体維持という「政策」論に立つもの
であり、ザイン（筆者注：こうであるという客観的な真偽命題）としての
取得原価主義会計のなかに、ゾレンとしての「政策」的議論をもちこむも
のである」と述べている。実体維持説の問題点としては、「維持されるべ
き実体の概念がきわめて不明確であること」と「実体の測定方法が極めて
困難であること」であり、「実体維持論は、資本説の理論的な根拠である
というよりは、政策的な論拠である」としている。

　海外の事例研究では、亀井［2004: p.149 ］は、ドイツの公企業におけ
る建設補助金は繰延収益として認識されていると述べている。補助金には、
収益補助金と資本補助金の２つがあるが、収益補助金は、費用補填・収益
補助として、圧縮記帳あるいは負債（「受入建設補助金」）として計上され、
資本補助金は資本補強として自己資本に繰入される。建設補助金は、「費
用補填あるいは収益補助という目的・使途を意識した繰延収益たる性格を
もち、最終的には年度余剰を経由して資本造成に果たす機能をもってい
る。」。ここには、事業の公共性、料金設定、公正報酬、公共的必要余剰、
資本造成等の問題が背景的要因として介在しており、行政からの政策的判
断が会計処理に影響を与えているとしている。繰延収益は、債務性はなく、
すでに受けた給付の収益を期間計算上配分するものであり、前受収益とは
異なる。ドイツの公営企業における取崩規定は年々20分の１としており、

成果計算書（損益計算書に相当する）の売上収益に計上する。また、圧縮記帳を認めることによって、費用補填を意識している。

　これに対して、わが国の地方公営企業会計においては、従来は、運営費補てん目的の補助金は収益的収入・支出として収益計上されるが、建設補助金は、資本的収入・支出として資本直入されるという考え方を採用してきた。この考え方には、政府による建設補助金は、地方公共団体の公営企業会計に対する資本助成であるという考え方に由来している。しかしながら、平成21年12月、総務省の地方公営企業会計制度等研究会は、これまで先送りされてきた会計上の課題を見直して、会計基準の大幅な変更を提言した。新しい公営企業会計は平成26年度より適用になっている。そ

図表6-2　建設補助金の会計処理の比較

会計処理	収益あるいは負債	繰延収益	企業会計圧縮記帳(積立金方式)	企業会計圧縮記帳(直接減額方式)	資本直入
補助金取得時	拘束性により負債に該当する場合以外は収益に計上	B/Sで繰延収益(長期前受け金)として計上	P/Lで収益計上し、利益処分によりB/Sに圧縮記帳積立金として計上	P/Lで収益計上し、同額の固定資産圧縮損を計上	純資産に直入
償却時	特になし	固定資産の償却に対応して繰延収益を取り崩す(収益化)	固定資産の償却に対応して圧縮積立金を利益処分する	圧縮後の固定資産をベースに償却する	みなし償却(補助金対象外の固定資産部分のみを償却する)
問題点	負債に該当しない場合でも繰延するほうが適切な場合がないか	繰延収益が負債の要件を満たしているか	補助金を受けた年度に多額の収益を計上するが、翌年度以降は減価償却費の計上により損益が悪化する	費用構造に補助金の寄与度が明示されない。固定資産の実態を適切に表示できない	資本取引に該当するか
適用される会計基準	IPSAS第23号	IAS第20号地方独立行政法人会計地方公営企業会計(改正後)	企業会計原則	企業会計原則注解24 IAS第20号	地方公営企業(改正前)
対応する資本概念	名目資本維持	名目資本維持	名目資本維持	名目資本維持	実体資本維持

(出典：筆者作成)

の中に、補助金等により取得した固定資産の償却制度の見直しとして、「みなし償却」の廃止と、建設補助金の繰延収益（長期前受金）への計上と減価償却見合いで収益化を行うこととしている。この場合、繰延収益は、負債でも資本（純資産）でもないメザニン的（中間的）な位置付けになる。

　公営企業会計では、独立採算制のもとで、公的なサービスの提供と受益者負担の衡平性を図ることが必要であるが、その実務においては、利用料金の設定（受益者負担）は、借入金の償還など現金収支をもとに、他の自治体との比較や小口利用者への配慮など政策的な判断を加えて行っており、必ずしもサービス原価をもとに設定しているわけではない。新しい会計基準に基づく料金のコスト計算は、料金改定時の資料に使用するなど、地方公共団体の説明責任を果たすためには有用なものになると考える。

　建設補助金の会計処理の概要をまとめると、図表6-2のようになる。

4-4. 地方公共団体における建設補助金の会計

　わが国の地方公共団体の場合、一般会計における建設補助金の会計処理に関して、以下のように4つに分類するとができる。一般会計とは、公営企業会計のように利用者負担によりコストを賄う会計とは異なり、基本的に税収によって事業のコストを賄っている会計である。

　第1は、建設補助金は繰延収益に計上するという意見である。もしも、建設補助金を受け取り時に全額収益として計上した場合、当該補助金で整備した固定資産の費用は減価償却により耐用年数にわたり計上される。その結果、補助金受領時の年度において、固定資産整備のための補助金分だけ良好に見える結果になり、このことは住民に誤った情報を提供することになるという意見である。したがって、単年度ベースでのサービス提供の費用と収益を比較し、期間負担の公平性を図るべきであるという考え方から、補助金（収益）と減価償却費（費用）の計上時期を対応させるものである。受け取った補助金を繰延収益に計上し、当該補助金によって取得した資産の耐用年数にわたり減価償却費の計上に対応して収益に計上するという「繰延収益」の会計処理を行うことになる。

第2は、建設補助金は負債に計上するという意見である。建設補助金は「補助金等に係る予算の執行の適正化に関する法律」により返還が命じられる場合があり、受取り時に収益計上するのではなく負債として計上するという意見である。補助金を財源として造られた建造物を廃止したり目的外に変更したりすると、当該補助金の未償却残高に相当する金額の返還義務が生じることがある。このような制約が、状況の変化に対応した自治体の政策変更に足枷となっている実態があり、この状況を何らかの形で開示する必要性があるという考えも背景にある。

第3は、建設補助金は国による資本助成であり、純資産に直入するという意見である。これは従来の地方公営企業会計の考え方である。地方公営企業会計においては、みなし償却とよばれる補助金部分について減価償却の対象とせず資本剰余金に計上する方法が採られていた。しかし、みなし償却は一般に公正妥当な会計処理とは認められていないし、また、貸借対照表の有形固定資産と資本準備金にそれぞれ未償却償却残高が残ってしまうという問題がある。

第4は、IPSAS第23号のように拘束の度合いによって負債あるいは収益に計上するという意見である。建設補助金は、一般的に補助金の返還義務を負うかどうかは、補助金を受け入れた団体自身がコントロール可能であり、会計上の負債として認識するほどの債務性（返還義務）はない。固定資産整備目的で交付された補助金は、会計上負債として認識するほど債務性は高くなく、固定資産購入時に全額収益計上するのが妥当である。

筆者は、固定資産取得のために受け取った補助金については、資本助成の考え方は適切ではなく、IPSAS第23号のように負債あるいは収益として認識する場合と、GASB基準書第33号のように費用と対応させて繰延収益に計上する場合とがあると考える。

一般会計には、補助金や税金以外にも、道路特定財源、地方交付税など一般財源として自治体の収入になるものが多数あり、その使途は経常経費、投資、借入金返済など多様である。そのような状況で、建設補助金を繰延べて固定資産の減価償却費と対応させることの意義としては、施設等のサ

ービス提供の純コスト（総コスト - 補助金相当＝純コスト）を示すことに
有用性がある場合である。例えば、個別の施設を使った事業の実施コスト
と成果の評価を行う場合などが考えられる。なお、予算作成時に、建設時
の財源調達として補助金を対応させることの意義はあるが、会計処理上は
重要性がなければ、全額収益計上することも考えられる。

　また、補助金の提供側（国）には費用処理を求めるのに対して、受取側
（地方公共団体）には繰延収益として処理することは、会計処理が非対称
となるという問題もある。

　したがって、個別の事業評価においては、コストの財源を把握すること
に有用性がある場合には、建設補助金を繰延処理する意味があるが、財務
会計上は、重要性がなければ、全額収益計上することでよいのではないか
と考える。

5. 小括

　財務業績はすべての収益と費用を対比して表すものである。そのため、
公会計固有な非交換収益の会計が重要である。公会計における収益と費用
の関係は、企業会計における収益と費用のような「対価性のある対応」で
はなく、行政サービスのコストとそれを賄う財源という「対価性のない期
間の対応」である。したがって、非交換収益の会計については、拘束性の
度合いによって条件と制限に区別して、負債を認識することが適切である
と考える。

　ただし、繰延収益は、負債概念には該当しないが、メザニン（中間的）
な概念（構成要素）が有用な場合もあることを認識しておくことは必要で
あると考える。

　例えば、わが国の地方公営企業会計における建設補助金の場合がある。
地方公営企業は、独立採算が要求されており、総括原価方式のもとで、利
用料が設定される。建設補助金（国や都道府県からの補助金）には、料金
負担の軽減という政策目的があるので、会計上も繰延収益に計上して、減

価償却費の計上にあわせて収益化していくことが適切である。料金改定時の資料として、コスト情報を活用することは、利用者に対して説明責任を果たすことにもなると考える。

第7章

純資産の会計

はじめに

　公会計の固有な課題として純資産の会計がある。

　公会計において、一般的には、財務業績が赤字であり、純資産が減少している（あるいは債務超過である）ということは、国民にとって将来的な増税かサービス提供の削減を意味している。例えば、米国連邦政府の貸借対照表は債務超過になっているが、このことについて、政府は次のような説明をしている。

　　「政府の目的は、貸借対照表の状態を好転することにあるのではなく、国家に対して金銭価値計測できないものも含めて便益をもたらすことであり、資産には計上されないような投資も行っていることや、課税権を含めた統治権限を持っており負担に見合った資金調達を行えることなどから、連邦政府の貸借対照表の債務超過は民間企業のそれとは意味が異なる。」（財団法人社会経済生産性本部［2003: p.204]）

　しかしながら、2008年の金融危機以降、世界中の政府が、破綻した機関や不良債権を所有し、保証の提供や偶発及び実際の負債を引き受け、また、現在の歳出とそれに関連した財政赤字の劇的な増加を招いていることによって、政府の財政はますますリスクにさらされている。このような状況に対して、Ian Ball（IFAC専務理事）は2009年にフィナンシャルタイムズ紙に次のような投稿をしている。

　　「政府が強健な貸借対照表を保持していれば、すべてが許容できるか

もしれないが、大抵の場合、政府は債務超過の状態又は資本の内容が何であるかという考えもなしに、資産の買取りや保証を始めてしまった。最終的に、納税者は、これらの政府の行為に関連した財政負担を負うことになり、国民の富や収入は減少せざるをえないだろう。政府がIPSASと整合した財務諸表を提供するという控えめな目標は達成することができた。この会計基準は一般市民や納税者が政府の行為の結果を明確に理解することを可能にする。そのうえで政府は感応度の高い（sensible）財務諸表を作成する必要がある。」(Financial Times April 24, 2009)

さらに、Ian は、2011年に次のような投稿をしている。

「欧州の政府債務の危機は、政府の会計、監査、財務管理の欠落の結果である。政府が十分な資本を持っていないことが問題である。多くの政府は、古風な予算と会計実務をしており、現金以外の資産や負債を記録も報告もしていないため、政府の資本がどのくらいあるのかを知らない。より良い会計、監査、財務管理は、現在の危機を解決するものではない。それらを導入するには長い時間がかかる。しかしながら、政府会計の改革へのコミットメントは、透明性の欠如と放漫な行動という根本的な問題に対する有効で奨励すべき政府の意図を表明するものである。欧州議会が提案しているように、3年以内にIPSASを導入することは透明性への第一歩である。」(Financial Times, September 29, 2011)

　公的部門の財務報告のあり方を考えるにあたっては、財務業績の赤字や財政状態の債務超過の意味、さらに純資産の内容についての考察を深めていくことが必要である。
　本項の検討方法としては、先進事例として英国と米国における純資産会計の定義及び表示をみて、その背景にある純資産の考え方を検討する。そ

の後、企業会計における価格変動会計理論を手掛かりにして、資本の拘束性と自由選択性資金という概念にもとづく純資産概念を検討する。その後、公会計において、拘束性ある貨幣資本に対応する固定資産の評価基準について検討する。

1. 公会計における純資産の会計

1-1. 公会計における純資産の定義と表示

企業会計において、純資産は、IASB［1989］「概念フレームワーク」のなかでは、「持分とは、特定の企業のすべての負債を控除した残余の資産に対する請求権である。」(para.49 (c)) と規定されている。ここでは、資本そのものの定義をしてから持分（純資産）の定義を行うという方法ではなく、持分（純資産）は資産から負債を控除した残余という消極的な定義がされている。

公会計においては、IPSASB［2006a］「第 1 号財務諸表の表示」は、純資産 (net assets / equity) は資産と負債の残余であると定義している (para.14)。内訳の表示等の規定は特にない。

本項では、IPSASB をみてから、発生主義会計を導入している海外諸国の中で、先進的な国として英国と米国の事例を取り上げて、純資産の定義と表示、考え方について検討する。英国、米国の両国とも、国及び地方政府は、住民等に対して公的な説明責任を負っており、公会計の成り立つ基盤がしっかりと確立している。そのため、政府部門の財務業績及び財政状態を報告するという公会計制度が確実に定着している。両国を通じて、政府及び地方政府との間では、予算制度の相違もあり、公会計の制度の内容に差異があるが、それぞれの純資産の定義と表示は、以下のようになる（図表 7-1 参照）。

(1) IPSASB

公会計においては、IPSASB［2006a］IPSAS1「財務諸表の表示」では、

「純資産・持分は、財政状態計算書における（資産から負債を控除した）残余部分である」と定義している。純資産・持分は、正の場合もあれば負の場合もある。意味が明らかであれば、純資産・持分の代わりに他の用語が使われる場合がある（para.14）。

IPSAS1 において例示されている純資産の項目は、他の政府主体からの資本拠出、積立金、積立金累積余剰／（欠損）、非支配持分の４項目である。

IPSAS では、純資産の項目として、積立金、積立金余剰（欠損）に加えて、他の政府主体からの資本出資と非支配持分を例示しているのが特徴的である。

IPSAS の純資産変動計算書では、当期余剰以外の変動項目があり、純資産・持分に直接認識される正味収益が例示されている。具体的には、固定資産再評価利得、投資再評価損失、在外活動体の換算による外貨換算差額など（企業会計におけるその他包括利益に相当する項目）が例示されている（図表7‐1参照）。

図表7-1　純資産変動計算書

	支配主体の所有者に帰属					非支配持分	純資産・持分合計
	拠出資本	その他の積立金	為替換算差額	累積余剰（欠損）	合計		
20X0 年 12 月 31 日残高	X	X	(X)	X	X	X	X
会計方針の変更の影響額				(X)	(X)	(X)	(X)
修正再表示後の残高	X	X	(X)	X	X	X	X
20X1 年度順資産・持分の変動額							
固定資産再評価利得		X			X	X	X
投資再評価損失		(X)			(X)	(X)	(X)
在外活動体の換算による外貨換算差額			(X)		(X)	(X)	(X)
純資産・持分に直接認識される正味収益		X	(X)		X	X	X
当期余剰				X	X	X	X
当期に認識された収益と費用の合計		X	(X)	X	X	X	X
20X1 年 12 月 31 日繰越残高	X	X	(X)	X	X	X	X

（出典：IPSASB [2006a] 適用ガイダンス）

(2) 英国政府

　英国政府会計マニュアルにおいて、純資産は資産と負債の差額として定義されている。WGA の場合、純資産は、納税者持分と表示されており、その内訳は、一般積立金、再評価積立金、その他積立金に区分されている。

　英国政府会計では、国際会計基準（IFRS）が採用されているが、財務諸表の表示については、公的部門向けに解釈適用がされている。

　純資産変動計算書では、当期余剰以外の変動項目として、「総利得損失」があり、有形固定資産再評価、無形資産再評価、その他包括利益を通して公正価値で評価した資産、年金債務の再評価が計上されている。総利得損失は、IFRS のその他包括利益に近い内容となっている（図表7‐2参照）。

　英国では有形固定資産は再調達価額による再評価を行っているが、資産の再評価益は、「その他包括利益損失計算書」においてその他包括利益として計上されており、純資産の中に再評価積立金として区分表示されている。

図表7‐2　純資産変動計算書の様式

	一般積立金	再評価積立金	その他積立金	合計
期首残高				
当期純利益（損失）				
純利得損失				
有形固定資産再評価				
無形資産再評価				
その他包括利益を通して公正価値で評価した資産				
年金債務の再評価				
移転を含むその他積立金の増減				
期末残高				

（出典：WGA［2020］）

(3) 米国連邦政府会計

　米国連邦政府においては、FASAB［1995］Statement of Federal Financial Accounting Concept2 が、純資産は資産と負債の差額であると定義している。

　純資産の内訳は、「Unexpended appropriations 未使用の歳出」と

「Cumulative results of operations 業務活動の累積結果」に区分している。

　財源により「未使用の歳出」と「業務活動の累積結果」に分けているのが特徴的である。

(4) 米国州・地方政府会計

　米国の州・地方政府においては、GASB 第34号（GASB［1998］）が、純資産は資産と負債の差額であると定義しており、純資産の内訳表示は、拘束性の程度に応じて次の3つの概念に区分されている（paras.30-37）。

　　ⅰ）関連負債を除く資本投資
　　ⅱ）拘束
　　　　・資本プロジェクト
　　　　・負債サービス
　　　　・地域開発プロジェクト
　　　　・その他目的
　　ⅲ）非拘束

　米国州・地方政府では、予算（修正発生主義）と会計（発生主義）との調整を考慮して、財政上は収支均衡予算が財政運営の目標となっているが、会計上は期間負担の衡平性は目標ではなく行政の説明責任を査定するという枠組みとなっている。そのため、拘束性ある貨幣資本（固定資産及び投資等）は取得原価で評価して、非拘束性の貨幣資本（主に現預金）の増減で財務業績を評価するという考え方であり、予算との整合性を図っているといえる。

　非拘束性の貨幣資本の増減は、現金収支の増減と対応しているが、減価償却や引当金を含めた会計上の財務業績を表示している。

　経営者の討議と分析（MD&A）において、予算はファンド会計が採用されていることから、政府全体財務諸表と財政上のファンド残高との調整表を別途作成するし、会計と財政（ファンド会計）とのつながりを説明す

る方法を採用している。それぞれの情報の有用性を読者に委ねているとも
いえる。

　IPSASB、英国、米国の純資産の構成項目を比較したものが図表7-3に
なる。

図表7-3　純資産の構成項目

政府・作成主体	国際公会計基準 (IPSASB)	英国政府	米国連邦政府 (FASAB)	米国州・地方政府（GASB）
純資産の名称	純資産	納税者持分	純資産	純資産
構成項目	他の政府主体か らの資本拠出	一般積立金	未使用の歳出	関連負債を除く 資本投資
	積立金	再評価積立金	業務活動の累積 結果	拘束 (明細) ・資本プロジェ 　クト ・負債サービス ・地域開発プロ 　ジェクト ・その他目的
	累積余剰／（欠 損)	その他積立金		非拘束
	非支配持分			

(出典：筆者作成)

　なお、わが国の政府会計では、純資産の名称は、「資産負債差額」であり、
構成項目の内訳はない。

　公会計における純資産を考えるとき、予算との関係についても含めて、
公会計の計算構造のなかで意義と表示のあり方を検討したいと考える。

　次項では、純資産の概念に拘束性による区分を導入している GASB の
考え方を検討する。

1-2. GASB第34号における純資産の考え方

　GASB 第34号における純資産の考え方は、純資産を拘束性の有無によ
って区分するものである。それは、3つの概念（資本的資産への純投資、
拘束純資産、非拘束純資産）に基づき、純資産が拘束されていることを財
務諸表本体で開示するものである。

　GASB 第 34 号の考え方は、FASB の非営利組織体の純資産の考え方に由来している。非営利組織の純資産は、継続して用役を提供する能力を示しており、なかでも、純資産の拘束の変動についての情報は、非営利組織体が、提供できる用役の水準に影響を及ぼすので、純資産の総額の変動情報よりも重要であるという考え方である。

　筆者は、GASB の背景には、次の２つの思考があると考える。

　第 1 は、拘束性の程度による資本維持の概念と、第 2 は財務業績計算書における業績評価に対する考え方である。

　第 1 の資本維持の概念について、政府・自治体は、税金という形で強制的に財源を調達し、住民サービスを提供しているが、そのサービスを効率的・効果的に、かつ、継続的に提供する責務がある。住民サービスには補助金のような現金支出もあるが、道路、公共施設のような多額な固定資産を保持しサービスを提供しているものも多い。公的部門の資産は、民間企業のような将来キャッシュインフローを期待できないものが多く、むしろ将来的なサービス提供能力として位置付けられる。これらの固定資産を維持していくため、固定資産に投資されている純資産部分に拘束性を認め、「維持すべき資本」として、「資本的資産への純投資」として区分している。さらに、投資プロジェクトや債務返済のための積立金等があれば、これも「維持すべき資本」として拘束性を認識し、「拘束純資産」として区分するという考え方である。

　第 2 の業績評価について、例えば、収益が同額であっても、資本的支出（固定資産購入）の場合と経常的支出（人件費、補助金等）の場合では、現金支出は同額であるが資源配分の違いにより、財務業績計算書における最終的な純余剰（黒字・赤字）が異なることになる。すなわち、経常的な支出よりも投資をしたほうが、短期的には財務業績が良く見えるという問題がある。そこで投資的な支出を「資本的資産への純投資」として区分することにより、経常的な収益と経常的なコストの差額から投資部分を控除

165

したものが非拘束純資産の増減として表示されることになる。この増減を
みれば、投資を含めた経常的な収支が赤字か黒字（余剰か欠損）かがわか
る。全体の収益を、経常的なコストを賄う部分と投資的な支出を賄う部分
に分けることにより、財務業績が評価しやすくなるという考え方である。

　一般的に政府の活動において投資が行政活動の一環であるとすれば、現
金残高が増加することはほとんどなく、したがって非拘束性の純資産も増
加することもないだろう。むしろ、退職給付引当金のような資金の裏付け
のない負債が存在するかあるいは増加することにより、非拘束性の純資産
はマイナスとなる。したがって、非拘束純資産のマイナスの意味は、短期
的な財務資源の過不足を表すとともに、発生主義会計による退職給付引当
金のような負債の計上による影響を受けたものとなっている。

1-3. 純資産の拘束性による区分について

　GASB は、純資産を拘束の程度により「資本的資産への純投資、拘束、
非拘束」に分類し、それぞれの経年比較を通して財務業績の良し悪しを評
価しようという考え方にもとづいている。

　石田 [2006: p.159] は、GASB の財務業績の評価のメリットを指摘して、
わが国の自治体会計が財源内訳（一般財源、国庫支出金、積立金等）にな
っていることに対して、拘束性による区分を導入することの有用性を述べ
ている。

　企業会計における議論ではあるが、拘束性による区分という考え方に対
して、新井 [1965: p.55] は、貸借対照表の借方側の資産項目と貸方側
の負債・資本項目とを個別に結び付けて、資本的支出によって得た財産項
目（キャピタル・アセッツ）とその財源たる資本項目（キャピタル）を結
び付けて後者の性格を決めることは複会計制度の名残りであり、現代の会
計では貸方項目は借方項目の全体的な資金的源泉または財源を示すもので
あって、その会計的性格は、借方側における使途によって決まるものでは
ないと指摘している。

　筆者は、財務業績の評価において拘束性の区分を導入している背景とし

て、GASB が FASB の非営利企業の純資産の考え方をもとにしていること
とともに、財政（予算）にファンド会計を採用していることも理由のひと
つではないかと考える。

　ファンド会計においては、財務資源（流動資産及び流動負債）を対象に
して、経常的な収支と投資的な収支が複会計的に区分されているので、資
金収支における黒字・赤字が明らかにされている。これに対して、発生主
義会計の財務諸表では、経済資源（固定資産や退職給付引当金等を含む）
を対象にしているので、発生主義ベースのコスト（減価償却費や退職給付
引当金繰入額を含むが、固定資産への投資額や借入金返済額は含まない）
と収益との比較により、財務業績の赤字・黒字を表示することができるの
で、期間負担の衡平性を評価することができる。また、政府の場合、投資
活動も重要な行政活動であり、経常的な収支が黒字であっても黒字分の資
金が留保されているわけではなく、むしろ投資として支出されている部分
が少なくないという実態がある。そのため、財務業績の評価として、投資
部分を控除して純資産を拘束性の区分により表示する意義がある。

　しかしながら、英国の資源会計のように予算にも発生主義会計を導入し
た場合には、予算と決算の両方が、発生主義ベースで経常的収支（資源予
算）と資本収支（投資予算）に区分されるため、経常的収支（資源会計）
を見れば、発生主義ベースの財務業績（赤字・黒字）が表示されるし、予
算実績の比較も可能である。会計を現金主義予算という枠組みと切り離す
ことで、公会計の純資産概念はより明確になるのではないかと考える。

2. 企業会計の純資産概念について

2-1. 企業会計における資本概念と利益計算

　公的部門の純資産会計を検討するために、企業会計における価格変動会
計論を手掛かりに、資本維持概念を巡る議論を整理し、資本概念に拘束性
の概念を導入することによる資本維持概念の検討をする。

　一般的に、資本会計の領域とは、期末時点における資本そのままの、そ

れ自体としての適正な計算を対象とする領域であり、それは同時に、期末時点における財産状態の適正な表示を含むものである。資本会計は利益計算と密接に結びついている。適正な期間利益の計算は企業会計の最も重要な任務とされているが、期間利益は、一般的に2つの異なる方式で計算・表示されている。損益計算書による方式と貸借対照表による方式である。

損益計算書における期間利益計算は、

「期間収益 － 期間費用＝期間利益」

という形で表される。収益と費用という概念は、企業活動による純資産の増加・減少の源泉を示す概念であるが、そこには同時に資産と負債の増加・減少が存在する。

他方、貸借対照表の形式で示される期間利益の計算方式は、

「期末資本 － 期首資本＝期間利益」

という形で表される。期首資本に損益に関係ない期中の資本純増減額を加減したものが「維持すべき資本」とすれば、期間利益は、

「期末資本 －『維持すべき資本』＝期間利益」

として示される。すなわち、維持すべき資本を確定し、それを超えて存在する期末資本の余剰部分を期間利益としてみることを意味している。

このように、利益計算は、それが前提とする資本概念によって規制されており、特に価格変動との関連で各種の見解の相違をもたらしている。次項以下で、価格変動会計論を手掛かりにして資本概念を整理する。

2-2. 価格変動会計論における資本概念

価格変動の問題を利益計算と資本会計においてどのように取り扱うか

が、価格変動会計論のテーマである。会計上の資本概念について、IASB
［1989］の「概念フレームワーク」にあるように、資本概念は次の3つに
大別される。それは、名目資本維持、実質（購買力）資本維持、実体資本
維持であり（paras.102-110）、その概要は次のように要約できる。

① 名目資本維持概念

　名目資本維持概念では、貨幣資本の名目額を維持することとしてい
るため、資本としての貨幣の実質（価値ないし購買力）の変化は無視
されている。それは、貨幣価値の変動という事実は認めつつも、それ
を会計計算において、特に「維持すべき資本」の計算において考慮に
入れないというものである。

② 実質資本維持概念

　資本としての貨幣の実質の変動を積極的に考慮し「維持すべき資本」
の計算に反映させていこうとする考え方が、実質（購買力）資本維持
である。

　実質資本維持説は、各種の形態がありうるが、典型的なものは原価
主義会計の利益認識基準を基礎とする修正原価主義会計論である。原
価主義会計が「維持すべき資本」を貨幣資本の名目額として捉えるの
に対して、修正原価主義会計は貨幣資本の実質（購買力）の大きさと
して捉える点に違いがある。損益計算書の利益計算では、収益・費用
のすべての項目に貨幣の実質の変動を表す指数を適用して期末貨幣額
に換算するとともに、貨幣項目に関する保有中の購買力損益を期末貨
幣で測定し、それらを合計して期間利益を計算することになる。

③ 実体資本維持概念

　実体資本維持説は、物的資本概念を前提とする利益計算論として性
格づけられてきた。物財量として捉えた「維持すべき資本」を超えて
得られたものを期間利益とみる見解である。損益計算書における利益

計算では、再調達価額による費用計算ということに特徴がある。この再調達価額は、消費された財の実際再調達価額である。これにより、期間利益を操業利益と保有利得に分けて計算しようとするものである。

　実体資本維持説の発展した形態として給付能力維持の考え方がある。そこでは、「維持すべき資本」の大きさは、一定の大きさの給付能力を保証する物財量として捉えられることになる。しかしながら、生産される製品が変わってしまえば、期末資本が代表する給付能力の大きさと「維持すべき資本」たる給付能力の大きさの比較が不可能になり、「維持すべき資本」が存在するのか否かを確認することができなくなるという限界がある。

2-3. 価格変動会計の機能的特徴

　価格変動会計の機能的特徴について、新井［1985, pp.181-194］によれば、物価変動会計（価格変動会計）は、① 一般物価変動会計（実質資本維持）と② 個別物価変動会計（実体資本維持）の２つに大別されるとして、その機能的な特徴を次のように述べている。

①　一般物価変動会計

　　第１の特徴は、取得原価主義会計のもつ機能的な特徴（測定対価主義、原価配分原理、原価＝実現主義の３つ）を保持しながら、財務諸表の比較可能性を増大している。

　　第２の特徴は、自己資本が一般物価修正（貨幣価値の変動修正）されることによって、分配可能利益の測定における実質資本維持が図られている。

②　個別物価変動会計

　　第１の特徴は、取替原価会計の中の「一部資産・費用項目取替原価会計」（棚卸資産や償却資産と費用項目に取替原価会計を施す）は、評価増部分を自己資本に計上し、費用を時価で計上することにより、分配可能利益から当該個別資産価格の上昇による架空利益分（取替え

るために要する費用額相当）を除去しようとする考え方であり、分配
可能利益の測定における実体資本維持計算である。

　第2に、「全面取替原価会計」（土地のような非費用化資産にも取
替原価会計を施す）は、企業が物価変動の環境下においてどのような
会計的影響を受けたかをそのまま開示することを会計目的としてい
る。損益会計上、すべての資産についての評価損益が、「保有利得あ
るいは損失」として、「操業利得あるいは損失」と区別して認識され
ることになる。

　なお、資本維持論に対する疑問として、新井［1965, pp.56-67］は、以
下のように述べている。資本維持論は、企業の資本維持という点を強調す
ることによって、「資本」概念を拡張解釈している。この見解では、資本
維持の必要性という考え方にもとづいて、これを資本取引であると考えて
いる。したがって、資本維持論は「政策的な議論であって、原則論として
の『資本』と利益の区別に直結しうる論拠とは思われない」。

　筆者は、新井の述べるような制度会計を前提とした会計原則論の論理的
一貫性には納得できる点が多いと考える。他方、冨塚［2009］の指摘する
ように、財務会計の基本構造は、貸借対照表や損益計算書における基礎概
念を関係づける簿記上の計算構造によって形成されているが、同時に、計
算構造上の基礎概念がその時代の経済的状況を反映することによっても特
徴づけられるといえる。

　名目資本維持概念のような基礎的な概念には、その時代の経済的な状況
が反映されており、環境の変化にともない再検討する必要があるのではな
いだろうか。特に、公的部門のように、サービス提供能力の維持を要請さ
れる環境のもとでは、資本維持概念の検討を行うことは意義があるのでは
ないかと考える。

2-4. 資本概念の拘束性と自由選択資金性

　次に、森田［1979］の資本概念における拘束性と自由選択性資金とい

う概念をもとに、資本概念の検討を行い、その後、公会計への適用を検討する。

　森田［1979, pp.257-282］は、会計学を企業に投下された貨幣資本の運動を説明する理論と規定したうえで、資本概念に関する選択の問題として、貨幣資本の拘束性と自由選択資金性という概念を導入している。

　ここでいう貨幣資本の拘束性の概念とは、原価主義会計における期間利益計算における考え方を表している。

　この２つの概念に基づき、名目資本維持概念における原価主義会計の特徴を以下のように述べている。自由選択性資金たる貨幣資産が非貨幣資産に投下されると、その貨幣資本は当該資産に拘束され、自由選択性を失うのであるが、資本循環のこの過程では資本の増減、すなわち損益は認識されない。この非貨幣資産が売却その他の形で流動化され、貨幣資産の形に転嫁されたときに、貨幣資本は再び自由選択性資金となり、ここに、拘束されていた貨幣資本と流入した貨幣資本との差額として計算される損益が認識される。すなわち、期間損益計算についていえば、「維持すべき資本」も期末資本も、いずれも自由選択性資金と拘束されている貨幣資本からなり、拘束状態において「維持すべき資本」を構成していた貨幣資本部分が期中に一度も流動化されずに期末資本に含まれていれば、その資本部分は、期間損益に全く影響を及ぼさないことになる。

　これに対して、拘束性を一切否定しようとするのがチェンバースの見解である。チェンバースは、貸借対照表におけるすべての物的資産を売却時価で評価することを主張する。森田によれば、これは、維持すべき資本の計算においても期末資本の計算においても、すべての資産の流動化を仮定するものであり、会計上の資本を無限定に自由選択資金性とみる考え方であるとしている。

　次に、価格変動という要素を利益計算上どのように反映させるかについては、基本的に２つの考え方、すなわち実質資本維持概念と実体資本維持概念、に大別している。

　実質資本維持概念は、原価主義概念と同様に貨幣資本概念を利益計算の

172

前提としているが、「維持すべき資本」を貨幣資本の実質（購買力）の大きさとしている点が異なる。実質資本維持概念で、一般的に適用されるのは、一般物価指数で評価した原価評価（森田は「修正原価主義」と呼んでいる）である。

　これに対して、実体資本維持会計は、「維持すべき資本」を構成する貨幣資本の全体について拘束性を認識し、たとえそれが期中にいったん貨幣資産の形に転換されても拘束性を認識しようとする考え方にもとづく利益計算にほかならないとしている。このように、物的資本概念を持ち出さなくても、拘束性の概念を全面的に拡張することにより、名目資本維持概念のもとで実体資本維持会計と完全に一致する利益計算が行われることになる。したがって、拘束性の概念のもとでは、実体資本維持概念は、原価主義会計と同じ資本概念を前提とするものであり、せいぜい、保有利得部分の認識時点に関して、原価主義会計と異なるだけであると述べている。

　かくして、森田は、拘束性という概念のもとで、実体資本維持会計の諸手続きと原価主義会計の延長線上に位置付けられる修正原価会計との接点があらわれ、両者を結合する形で価格変動会計を構想する道が開けることを述べている。

　つまり、実体資本維持説と貨幣（名目・実質）資本維持説の対立は、貨幣資本の特定の財への拘束性を認識する範囲をどう決めるかという点に関するものである。拘束性の認識範囲が拡張すれば、名目資本概念のもとで実体資本維持会計と完全に一致する利益計算が行われることになるのである。

　森田［1979］は、各種学説の資本概念の違いを、拘束性の観点から区別して、図表7-4のように整理している。

　①　は、「維持すべき資本」のすべてに拘束性を全く認識せず、すべてを自由選択性資金とみるものである。

　②　は、期中に一度も貨幣資産に転換されなかった部分、すなわち、固定資産としての土地や償却資産の期末未償却残高についてのみ貨幣資本の当該資産への拘束性を認識し、一度でも貨幣資産に転換したものは、その

173

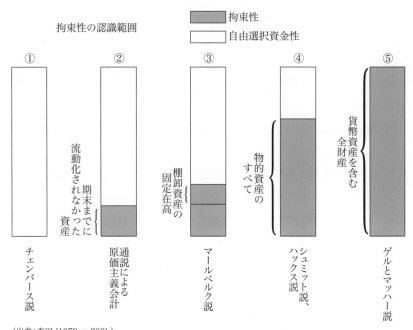

図表7-4　資本概念と拘束性の認識範囲

拘束性の認識範囲

■ 拘束性
□ 自由選択資金性

① チェンバース説

② 通説による原価主義会計
流動化されなかった資産
期末までに

③ マールベルク説
棚卸資産の固定在高

④ シュミット説、ハックス説
物的資産のすべて

⑤ ゲルとマッハー説
貨幣資産を含む全財産

(出典：森田 [1979: p.266])

時点で自由選択資金性となったと考えるものである（通説的な原価主義）。

　貨幣資本の特定の財への拘束性の認識範囲をさらに拡張していったものが、③と④である。③は、棚卸資産の固定在高に関して、拘束されていた資本はいったん流動化されても、同じ財が必ず調達されることから貨幣資本の拘束性が期末まで続いていると考えるものである。

　④は、すべての物的資産に拘束状態の継続を認識するものである。

　⑤は、貨幣資産も含めて「維持すべき資本」のすべてに特定の財への拘束状態の継続を認識し、自由選択資金性を全く認めないものであり、典型的な実体資本維持説である。

　一般的な分類では、①から③までが貨幣資本維持説、④と⑤が実体資本維持説とされる。

　このように森田は、純資産会計における拘束性と自由選択資金性という

概念を提示しているが、その概念には曖昧な面もあり、その困難性を認めている。民間企業には規模や業種など様々なものが存在しており、判断基準の確立は困難な面があるとも述べている。

　例えば、膨大な設備を有する企業において生産設備の転換は容易ではなく、いったん決定された製品の生産設備を比較的長期間継続せざるをえない。その場合、⑤ のように全資産に拘束性を認識し、利益計算を行うべきであろう。

　また、技術進歩や需要の変遷が激しい今日の経済社会では、流動化と再投資の過程で自由選択が行われたか否かの判断は容易ではない。その場合には、自由選択資金性を前提とした利益計算が行われるべきであろう。固定資産の少ない企業においては、流動化された資本は自由選択性資金とみなしうる場合が多いであろうし、また、自由選択性資金の自由の幅も相当広いであろう。

　森田は、企業資本の運動の説明理論としての価格変動会計論は、企業の現実に合致した資本概念を前提として形成されなければならず、その場合、拘束性の範囲や、自由選択性資金の選択の幅についての判断基準を、事実の調査・分析を通じて確立することが重要である、と述べている。

　筆者は、公的部門において、純資産概念としての拘束性を考えるとき、企業会計のような経営的なモデルでいうと、公的な制度として純資産に拘束性が求められていると考える。政府においては、特に社会生活基盤に関連する道路、水道、下水道等のようなインフラ資産には、サービス提供能力の維持が求められており、物的資産のすべてに拘束性を認識することが適合すると考える。

　そのような問題意識から、次に公会計の純資産概念を検討する。

3. 公会計における純資産概念

3-1. 政府・自治体の純資産の特質

　公的部門における資本概念の特質を踏まえながら、純資産会計について

検討する。

　政府における純資産の特質として、次の3点をあげることができる。すなわち、① 資本金（所有者からの拠出）が存在しない、② 主な財源が税収である、③ 収益を生み出さない資本資産への大規模な投資があることである。

① 政府・自治体の純資産に資本金（所有者からの拠出）は存在しない

　　IPSAS 第1号「財務諸表の表示」（IPSASB［2006a］）では、所有者からの拠出について、次のような性質をもつものとしている（para.7）。

　　　i) 報告主体が行う存続期間中の分配に対する優先的権利

　　　ii) 報告主体が廃止又は清算される事態における残余財産の分配権

　　　iii) 拠出に対する売却権、交換権、移転権、償還権の付与

　　国民（住民）は主権者であるが、その権利は納税によって付与されているものではないし、上記のような権利が国民に与えられているものでもない。したがって、政府・自治体に資本の拠出者というべきものは存在しない。

② 主な財源が税収である

　　公的部門は、収益となる主な財源が税金であり、継続的なサービスの提供を保証し、期間衡平性を保持することが求められている。

　　公的部門においては、納税者は非自発的な資金提供者であり、提供される資源と需要されるサービスとの間に交換関係は存在しない。民間企業においては、獲得された収益と発生した費用の間には直接的な関係があるので、財務諸表の利用者は、基本的に収益性にもとづいて業績を査定することができるが、政府においては、純利益や包括利益のような単一の包括的な業績指標は存在しない（GASB［1987, paras.17-18]）。

③　収益を生み出さない資本資産への大規模な投資

　　政府は、道路、橋梁のような、収益を生み出さない資本資産に巨額の投資を行っている。政府の資本資産のほとんどは相対的に耐用年数が長く、その期間使用が可能となるように維持・修繕の適切なプログラムが必要であり、政府は、本来的に資本資産を維持する暗黙の責任がある（GASB［1987, paras.28]）。

　　一般的に、先進諸国では中長期的にはインフレーションの傾向にあり、投資の技術水準の向上や機能の向上により更新費用は高くなる傾向があるし、除却費用も多額にかかることもある。投資した資金の回収だけでは、継続的なサービスの提供を保証することは難しいといえる。そのため将来の投資を含めた費用に基づき、財政計画（税負担の水準等）や資源配分を行うことが必要となる。

　上記のような公的部門の特徴を考慮すると、公的部門の維持すべき資本としては、物的資産を含めた全資産に制度的な拘束性を認識することが適切ではないかと考える。

3-2. 公会計の純資産概念

　森田［1979］は、企業会計において、理念的あるいは経営的に拘束性という概念を資本概念に取り込んだものであり、経営者の意思決定と企業実態により様々な組み合わせがあることと述べている。そして、貨幣資本の拘束性の概念を拡張することによって、名目資本維持概念のもとで、実体資本維持と同様な利益計算ができるとしている。森田は、このような考え方の背景には、ハックスの考え方、すなわち、貨幣（名目）資本維持と実体資本維持の両者が企業維持にとって必要であるという考え方が影響していると述べている。ハックスは、企業は、出資者の投下した資本としての性格と、国民経済全体の生産機構の一部として、一定の給付を国民経済に対して継続的に提供する任務をもっているとして、貨幣（名目）資本維持と実体資本維持の両者を企業維持ないし経営維持という概念に結合して

いるものである（森田 [1979：p.232]）。

　これに対して、政府・地方公共団体には、政府と住民の関係から財務業績の説明責任の任務と、住民へのサービス提供能力を維持するという社会的な任務をもっており、純資産概念としては、貨幣（名目）資本維持と実体資本維持の両者を経営維持という概念に結合することがふさわしいと考える。そのような視点から、公会計の純資産概念としては、名目資本維持概念のもとで、実体資本維持の計算が可能な考え方が適合するものと考える。

　具体的には、物的資産に対して拘束性という概念は、名目資本維持概念のもとで取得原価評価と結びつきやすいが、サービス能力の維持の観点からは、再取得原価評価に目的適合性がある。他方、貨幣資産に対して拘束性という概念は、貸付金や投資プロジェクトには原価評価（及び減損会計）が適合する。第4章で述べたように、財務業績計算の構造は、資本維持概念と資産評価の組み合わせによって決定されるが、複数の組み合わせが存在する。そこで、純資産の概念と対応する資産とその評価基準の組み合わせについて、図表7-3のような組み合わせが考えられる。

　次に、純資産の表示を考えると、すべての貨幣資本に社会的な拘束性が

図表7-3　公会計の純資産概念と資産評価の組み合わせ

純資産の概念	拘束性ある貨幣資本			自由選択資金性の貨幣資本	
対応する資産	固定資産 （有形固定資産、貸付金、投資プロジェクト等）			その他の財務資産 （金融資産等）	
資産評価基準	取得原価	実質（購買力）修正した取得原価	再取得原価	取得原価	市場価値
損益計算 （評価損益）	認識しない	その他包括利益で認識する		認識しない	財務業績計算書で認識する
資本維持概念	名目資本維持				

（出典：筆者作成）

あると考えると、再評価積立金は実態表示のため区分するが、その他は区分する必要性はないと考えるものである。

海外の事例において、純資産に拘束性という概念を導入しているのは、米国GASBである。納税者は非自発的に税金を徴収されて、議会において資源配分の意思決定がなされるため、GASBの拘束性による分類は、納税者の意思そのものではないが、資源配分の結果としての説明責任を果たしている。そして、非拘束性純資産がマイナスあるいは減少していることは、短期的な財務資源の不足を意味している。GASBでは、財務業績において期間負担の衡平性を評価するとともに、貸借対照表の純資産の内訳の中で短期的な財務資源の過不足を評価しているものである。これは、予算がファンド会計という現金主義（修正発生主義）に基づいているために、均衡予算主義という枠内で、発生主義による経常的な収支の赤字・黒字の評価とともに、財務資源の過不足を評価するという目的に適合していると考える。

他方、GASBの拘束性は、ファンド会計との整合性を意図したものであり、英国のように、予算に発生主義を導入し、発生主義の経常予算（資源予算）と投資予算を分けて管理する場合、それぞれの業績評価が可能であり、純資産の内訳を区分する意義は乏しい。純資産全体が赤字（債務超過）になった場合、それは、短期的な財務資源の過不足ではなく、納税者に対する将来の課税の可能性を意味している。

筆者は、公的部門の純資産の会計を考えるとき、GASBのような拘束性による区分は現金主義予算とは適合するが、発生主義予算とは必ずしも適合しないと考える。むしろ、予算制度とは切り離して、会計としての純資産の考え方や表示を検討することが有用であると考える。

3-3. 海外の公会計の事例分析

純資産の拘束性の認識という概念を基に、純資産の表示の海外比較（図表7-1）と、資本概念と拘束性の認識範囲（図表7-2）の概念を参考にして、英国と米国の純資産の考え方を比較検討する。

① 英国

英国の政府会計には、固定資産を再取得価額で再評価することでサービス提供能力の維持を図るという考え方があり、物的資産あるいは全資産に対して拘束性を認識するという考え方（図表7-3の④あるいは⑤）に近いと思われる。

英国では、名目資本維持概念のもとで、固定資産の評価益は資本修正ではなく、総利得損失計算書を通して、その他包括利益として認識している。このことは、名目資本維持というフレームの中で実体資本維持の計算を実現する考え方であり、再評価は利益項目であるが、再評価積立金として拘束性を表示している。

純資産の中に資本（拠出）が存在しないので、資本修正という概念がないといえるかもしれない。純資産の内訳は、再評価積立金と一般会計であり、GASBのような拘束性による区分はしていない。物的資産のすべてに拘束性があると考えれば、純資産を拘束性の程度で区分する必要がないといえる。また、固定資産の評価益を純資産の内訳として表示することにより、政府部門における価格変動の影響を実態開示するという考え方がある。

予算に発生主義会計が採用されているため、予算及び決算において投資と経常的収支が区分されているので、経常収支の赤字・黒字で財務業績を評価することが可能である。

② 米国

米国連邦政府会計は、純資産の内訳表示が会計と財政（未使用の歳出、業務活動の累積結果）との関連性を表示している。

他方、米国州・地方政府会計は、固定資産への拘束性により純資産を区分するという考え方をとっている。これは物的資産に拘束性を認識するという考え方（図表7-3の④）に近いように思われる。しかしながら、固定資産の再取得価額等による再評価は行っておらず、名目貨幣資本維持のもとで伝統的な原価評価により拘束性を表示している。維持すべき資本の貨

幣価値の変動や個別資産の価格変動は認識されない。GASB では、公的部門の純資産会計は企業会計の非営利部門と同様に考えているが、資源配分は住民の意思そのものではなく、議会という代表機関における議決の結果を事後的に評価するものである。予算（ファンド会計）と会計の関連については、別途調整表を作成して経営責任者が討議と分析を行うという方法を採用している。

3-4. わが国の取組みと課題

　英国や米国のような先進的な諸国と比較すると、わが国の政府会計は、官庁会計（現金主義会計）を保持したまま、一部複式簿記を導入しているものの、国有財産台帳等と歳入・歳出取引を組み替えて財務諸表を作成するという手法を採っている。そのような状況の中で、公的部門における純資産の概念と表示については十分な検討が行われているとはいえない。

　政府が作成している「国の財務書類」において、純資産は資産と負債の差額として定義されている。純資産（資産・負債差額）は、大幅な債務超過になっている。純資産の財務情報は、発生主義会計に基づき初めて明らかになる指標である。純資産の指標は、世代間負担の衡平性の指標としてそのまま使うことは注意が必要であるが、特例公債（赤字国債）の残高の推移と比例関係にあり、財政上の指標とも関連づけることができる。中長期的には、純資産の変動の推移を世代間負担の衡平性の指標として評価することが有用ではないのかと考える。

　総務省が提示している地方公共団体の「統一的な基準」では、純資産は、固定資産等形成分と余剰分（不足分）に区分されている。しかし、これは、米国 GASB の区分とは異なり、固定資産等形成分には、固定資産等に関連付けられる負債（借入金）が控除されていないため、余剰分（不足分）の増減についても、会計上の意味は解釈が困難なものとなっている。

4. 小括

　筆者は、公的部門には、政府と住民の関係から政府の財務業績の説明責任という任務と、住民へのサービス提供能力を維持するという社会的な任務をもっており、純資産の概念としては、貨幣（名目）資本維持と実体資本維持の両者を経営維持という概念に結合することがふさわしいと考える。そのような視点から、公会計の純資産概念としては、名目資本維持概念のもとで、実体資本維持の計算が可能な構造が適合するものと考える。

　公的部門には民間部門に比較して、純資産において株主や出資者に相当する者は存在していないという特徴がある。そのため、社会的に拘束された固定資産について、再評価を行った場合には、企業会計における物価変動会計のように保有損益を資本修正するということは行わないで、その他包括利益等で区分表示することが、利用者の意思決定に有用であると考える。

　名目資本維持と実体資本維持という資本概念の対立ではなく、財務業績の報告とともに、サービス提供能力の維持という社会的な要請に対応するために、名目資本維持概念のもとで、価格変動にも対応するような純資産会計を検討することが有用であると考える。

第8章

公会計改革と予算制度

はじめに

公的部門の会計を巡る特質として、会計と予算制度との関係がある。

企業会計と公会計を比較するとき、政府部門では予算が国民の代表機関に相当する議会で審議・承認されることが必要であるのに対し、民間部門では株主総会で運営の委任を受けた経営者が毎年度の予算（事業計画）を策定するだけで株主総会の議決は必要ない。民間部門は決算が議決事項になる点でまさに結果志向なのであるのに対し、政府部門は、活動原資が非自発的な調達（税金）に基づくことから、納税者の代表からなる議会で集合的意思決定が必要になる。

Schick［2001］は、政府部門の財務管理システムには、3つの基本的な目的があると述べている。それは、① 財政統制を集約すること、② 配分の効率性を増進すること、③ 業務執行の効率性を促進することである。①と②は予算上の政治的及び政策的な決定に関連し、③は政府内部の組織のマネジメントに関連している。この目的を会計の基礎（現金主義あるいは発生主義）という視点からみると、予算会計（①と②に関連する）のベースと財務会計（③に関連する）のベースが、本来は、同一の会計の基礎（現金主義あるいは発生主義）に基づき設計されるべきであるが、必ずしもそのようにはなっていない。むしろ、異なる目的には異なる会計の基礎が適用されている。予算のベースとしての現金主義会計と、財務会計・管理会計のベースとしての発生主義会計という、2つの会計基準が併存している。

本章では、財務会計のベースと予算のベースとの間に差異がある場合に関して、2つの会計基準の併存という課題を検討する。

　具体的には、公的部門の会計改革における予算と会計（財務報告）の関係の特徴について概観し、次に会計の構造論から見た現金主義会計と発生主義会計の相違点を検討する。その後、IFAC における予算報告に関する研究を検討した後、米国の FASAB と GASB における発生主義予算の議論、そして英国政府の資源会計と地方政府における予算と会計の考え方を取り上げる。最後に東京都の事例を手掛かりに財務管理と業績管理の統合のあり方を検討し、わが国への示唆を検討する。

1. 発生主義予算を巡る議論

1-1. 問題の所在

　筆谷［1998］によれば、公的部門において現金主義会計とは、現金・預金に焦点を当て、現金が変動したときにその増加・減少と残高を把握する会計システムである。このようなシステムにおいては、一般的には現金・預金の増加・減少の原因を勘定に集約して収支計算書（歳入歳出決算書）を作成する。貸借対照表は作成せず、現金・預金残高のみが報告される。したがって、現金主義会計のもとでは、事業運営のために必要な現金の金額が把握されるが、事業運営に必要な資産や負債のストック情報や、事業運営のためのコスト情報が提供されないという限界がある。この限界を克服するために、発生主義会計が必要なのである。

　発生主義会計では、全ての経済資源（現金・預金、有形固定資産、投資等、退職給付引当金、借入金等）に焦点を当て、経済資源が変動したときにその増加・減少と残高を把握する会計システムである。発生主義において初めて、貸借対照表、行政コスト計算書、キャッシュ・フロー計算書の３表が作成される。事業経営に必要な有形固定資産や借入金等のストック情報や事業運営のコスト（経済資源の費消額）が、財源（税収等）の調達と使途という現金収支に加えて報告される。

　なお、現金主義会計と発生主義会計の間に、修正現金主義会計と修正発生主義会計が存在する。修正現金主義とは、現金主義会計のもとに出納整

理期間を設けたものであり、修正発生主義とは、会計の認識・測定の対象を全経済資源ではなく運転資本（流動資産・流動負債）とするものである。

　山本［1999］によれば、公的部門における会計制度の改革においては予算制度、特に資源配分への意思決定と事前統制に資する財務管理システムを、会計行為の事後的測定である会計システムとどのように関連づけるかの視点が重要になる。そのうえで、政府経営の視点から会計システムを位置付ける場合、議会による行政府の統制という側面と並んで議会及び行政府を統合した政府全体の経営サイクルをどのように有機的に完結させるかが重要である。議会統制と政策執行の2つの側面を分離するか、あるいは統合するかは、それぞれ長所と短所がある。各国における予算・会計制度の改革は、政府の統制と経営をどのように改善するかの考え方により規定されている。

　英国やニュージーランドの改革は、経営志向で予算循環サイクルを完結しようとする考え方に依拠しており、決算（及び業績測定）たる会計と計画たる予算を同じ枠組みで測定しようとする意図を有している。ただし、英国は予算において現金主義と発生主義の双方による統制を行っている。英国においては、議会の予算審議において従来と異なる発生主義的な資源管理では技術的制約から審議が困難になる可能性と、EU（欧州委員会）の財政管理が現金主義による債務管理を行っていることを勘案したためである。

　これに対して、米国は完全な3権力分立システムを採用しており、連邦政府の財務管理と議会による予算統制は分離されている。会計(財務報告)は発生主義に移行しても、予算は現金または修正現金主義・修正発生主義で統制されたままであり、予算制度を発生主義化する動きは見受けられない。また、決算・業績測定は経営管理目的というより議会や国民に対するアカウンタビリティ目的が重視されており、このため、予算と会計（財務報告）の連動が不十分であると指摘されることも多い。

　翻って、わが国では行政府の力が議会より優っているため、伝統的に財務省（旧大蔵省）主導による財務管理が行われてきた。現金主義による予

算と決算統制が基本であり、財務会計は予算執行の記録にすぎず、予算の枠組みの中で財務会計が出納管理的に実施され、管理会計も予算要求・配分時の参考資料作成手段に限定されているといえる。

東京都は、わが国で初めて、現行の現金主義会計の予算執行管理に加えて、財務報告・業績報告に発生主義会計を導入した。その結果、予算のベースとしての現金主義会計と、財務会計・管理会計のベースとしての発生主義会計という2つの会計基準が併存することになった。これらの財務情報をどう統合し、活用していくかが課題であると考える。

1-2. 発生主義予算を巡る議論

多くの政府等で財務報告に発生主義会計が導入されてきていることと比較して、発生主義予算の導入は多くの国では一般的ではない。オーストラリア、ニュージーランド、英国等が発生主義予算を導入しているが、それ以外の国では現金主義予算と併存している。

発生主義会計を予算に拡張することには賛否の論争がある。

（1）発生主義予算の賛成意見

米国連邦政府の会計検査院（United States General Accounting Office；以下、GAO とする）は、その報告［GAO: 2000］において、発生主義予算に賛成する一般的な主張として以下のことを述べている。発生主義会計の情報は、業績情報と政策情報にとって、より目的適合性（relevant）がある。発生主義は、政府の財政についてより豊かな情報を提供し、意思決定とコントロールを容易にする。また、内部的な行政責任者の情報ニーズに対応し、外部の有権者にとっても行政の透明性を高めることができるので、民主的なプロセスにとって有益である。また、発生主義会計は、コスト構造をより深く洞察することで、官僚組織が高コストをもたらしていることを自覚し、より効率的な政府へ導くことへ転換させ、管理者にとってインセンティブを向上させる仕組みになる。発生主義予算の導入は、統合されたシステムとなる。

もしも、予算が現金主義会計であるならば、発生主義会計の情報は、予算編成過程においては無視できる程度のものになるだろう。政治家は将来志向であると考えられるため、予算が同じ会計原則でない限り、発生主義会計の情報に興味をもたないであろう。

　Pallot［2001］によれば、ニュージーランドの経験では、発生主義予算・決算の導入により、政府がインプットだけでなくアウトプットへの注力をするようになり、よりインフォームドな意思決定が可能になったというメリットが指摘されている。他方、情報はより複雑であり、誤った意思決定へ導くリスクもあるとしている。

（2）発生主義予算の反対意見

　発生主義予算に反対する主張は、発生主義会計の情報は、複雑であり、会計士でない人々には理解が困難であることである。政治家や管理者は、誤った判断をするかもしれないし、政府財政の全般的なコントロールにリスクが生じる。発生主義予算と発生主義会計という統一システム、あるいは、現金主義予算と発生主義会計という二重システムに関する議論は必ずしも明確になされてきたものではない。しばしば、統合されたシステムは複雑であるという意見と二重システムはもっと複雑であるという意見がみられる。

　民間部門と公的部門では環境や目的が異なるので、企業会計の技術をそのまま政府部門に導入するのは適切ではない。発生主義会計は、あまりに技術的であり合理主義的であり、政治的な組織には機能しない。これは英国の資源会計・予算改革（RAB）に対する批判でもある。発生主義会計の広がりは、ファッションの要素があり、変革の費用対便益は十分に理解されていない。

　発生主義の導入は、必要な準備がされている場合だけ、成功する可能性がある。しかし、準備が十分であったとしても、発生主義会計は、現金主義会計で解決できないような財政コントロールの基本的な課題を解決するものではない。(Bromwish & Lapsley［1997］)

　発生主義会計では、全ての経済資源（現金・預金、有形固定資産、投資等、退職給付引当金、借入金等）に焦点を当て、経済資源が変動したときにその増加・減少と残高を把握する会計システムである。発生主義において初めて、貸借対照表、行政コスト計算書、キャッシュ・フロー計算書の３表が作成される。事業経営に必要な有形固定資産や借入金等のストック情報や事業運営のコスト（経済資源の費消額）が、財源（税収等）の調達と使途という現金収支に加えて報告される。

　なお、現金主義会計と発生主義会計の間に、修正現金主義会計と修正発生主義会計が存在する。修正現金主義とは、現金主義会計のもとに出納整理期間を設けたものであり、修正発生主義とは、会計の認識・測定の対象を全経済資源ではなく運転資本（流動資産・流動負債）とするものである。

　山本［1999］によれば、公的部門における会計制度の改革においては予算制度、特に資源配分への意思決定と事前統制に資する財務管理システムを、会計行為の事後的測定である会計システムとどのように関連づけるかの視点が重要になるとしている。そのうえで、政府経営の視点から会計システムを位置づける場合、議会による行政府の統制という側面と並んで議会および行政府を統合した政府全体の経営サイクルをどのように有機的に完結させるかが重要である。議会統制と政策執行の２つの側面を分離するか、あるいは統合するかは、それぞれ長所と短所がある。各国における予算・会計制度の改革は、政府の統制と経営をどのように改善するかの考え方により規定されている。

　英国やニュージーランドの改革は、経営志向で予算循環サイクルを完結しようとする考え方に依拠しており、決算（および業績測定）たる会計と計画たる予算を同じ枠組みで測定しようとする意図を有している。ただし、英国は予算において現金主義と発生主義の双方による統制を行っている。英国においては、議会の予算審議において従来と異なる発生主義的な資源管理では技術的制約から審議が困難になる可能性と、欧州委員会（EU）の財政管理が現金主義による債務管理を行っていることを勘案したためである。

これに対して、米国は完全な3権力分立システムを採用しており、連邦政府の財務管理と議会による予算統制は分離されている。会計(財務報告)は発生主義に移行しても、予算は現金または修正現金主義・修正発生主義で統制されたままであり、予算制度を発生主義化する動きは見受けられない。また、決算・業績測定は経営管理目的というより議会や国民に対するアカウンタビリティ目的が重視されており、このため、予算と会計（財務報告）の連動が不十分であると指摘されることも多い。

　翻って、わが国では行政府の力が議会より優っているため、伝統的に財務省（旧大蔵省）主導による財務管理が行われてきた。現金主義による予算と決算統制が基本であり、財務会計は予算執行の記録にすぎず、予算の枠組みの中で財務会計が出納管理的に実施され、管理会計も予算要求・配分時の参考資料作成手段に限定されているといえる。

　東京都は、わが国で初めて、現行の現金主義会計の予算執行管理に加えて、財務報告・業績報告に発生主義会計を導入した。その結果、予算のベースとしての現金主義会計と、財務会計・管理会計のベースとしての発生主義会計という2の会計基準が併存することになった。これらの財務情報をどう統合し、活用していくかが課題であると考える。

（3）発生主義会計と現金主義予算のデュアルシステムの議論

　Paulsson［2007］は、発生主義会計と現金主義予算というデュアルシステムの問題点として次のことを述べている。

　デュアルシステムは煩雑であり、2つのシステムの広範囲な照合を必要としており、また、照合結果の報告も要求される。したがって、統合システムと同様にコストがかかる。

　デュアルシステムは、発生主義会計の情報への興味を薄める。管理者は現金主義の予算に対する説明責任を負うため現金に注力することになり、予算における発生主義会計の効果はたぶん無視できるほどのものだろう。

　オーストラリアの経験からわかることは、発生主義会計と発生主義予算は同時に導入することがベストである。英国の発生主義予算・会計におい

ても、公的資金におけるグリップを失わないために、現金の情報は注視されている。

　予算上の政治的及び政策的な決定は、将来に関するものである。会計システムの目的がこの目的に適合する情報を提供するならば、統合システムが重要であり、そこでは発生主義予算をモニターするために会計情報が利用される。

　デュアルシステムが利用されている場合、発生主義情報は組織の管理にとって重要である。それは組織単位のマネジメントにとって基礎的な情報を提供するからである。他方、現金主義の予算システムは予算上の政治的・政策的な決定を支援する。異なる目的に異なる会計の基礎が適用される。スウェーデンにおける併存システムの研究でも、そのことが実証されている。

　発生主義会計の導入は、多くの努力を要するが、比較的スムーズに進む。しかし、発生主義予算の導入には大きな抵抗があることが多い。その理由のひとつとして、会計は行政管理の道具であり、政治的意思決定に直接的あるいは必要性をもって影響を与えないことがある。発生主義が予算に導入されると、政治家と行政との力関係や、異なる会計の知識をもつ政治家の間に影響を与えることが、脅威になるかもしれない。

2. 現金主義会計と発生主義会計の相違 ——会計の構造の視点から

　多くの国において現金主義予算と発生主義予算の併存がみられるが、本項では会計の構造論から見た場合、それぞれの相違点は何かを検討しておきたい。

　笠井［2000: pp.423-461］によれば、現金主義会計は、収益及び費用を現金の収入及び支出にかかわらしめて認識・測定する体系であり、現金主義会計の特質は、費用面に顕著に現れている。すなわち、「現金の出」、「資産の取得」「資産の費消（費用の生起）」という３つの事実が、一体と

図表8-1　現金主義会計から発生主義会計への進展

(出典:笠井 [2000: p.456])

して構成されており、概念的に区別されていない。したがって、現金主義
会計においては、① 現金、② 金融収支（損益非作用的収支）及び ③ 営
業収支たる収益・費用（損益作用的収支）に区分される。

　現金主義会計は、信用制度及び資本の固定化の進展を契機に、損益計算
の不合理性が顕現化した。信用制度の発展は、現金の出と資産取得＝資産
費消との時間的間隙をもたらし、資本の固定化の進展は、資産取得と資産
費消（費用）の時間的間隙をもたらした（図表 8-1 参照）。

　このような欠陥を解決するひとつの考え方が発生主義会計であり、その
解決方法は、資産費消を資産取得から分離するという方向であった。費用
の認識につき、収支による損益計算という枠組みを離脱したのである。

　他方、現金主義会計の枠組みの中で解決しようとしたのが複会計制度で
あった。複会計制度では、損益非作用収支をもって、生産・販売という営
業活動を可能にするための基礎にかかわる収支と理解したのである。それ
は資本収支と呼ばれた。建物や機械への資金投下は資本的支出と呼ばれ、
資本金や長期借入金は資本的収入と呼ばれた。それに対して、売上や商品
（売上原価）は、生産・販売という損益計算に直接参画する営業活動であり、
収益的収支と呼ばれた。複会計制度の特質は、①収支概念が資本収支と収
益的収支とに２分類されていること、それぞれが独立的に対峙する枠組み
になっていることである。両者の関係は異なった種類の収支概念である。
②永久資産概念の仮定のもとで修繕費・取替費の処理等を導入することに
よって、資本収支概念と収益的収支概念との直接的な関連を切断する論理
を見いだしたことである（図表 8-2 参照）。

192

図表8-2　複会計制度の会計の構造

垂直的統合

一般貸借対照表

現金 流動資産	流動負債

流動性として同質化

資本勘定

資本的支出	資本的収入

資本収支として同質化

収益勘定

収益的支出	収益的収入

収益的収支として同質化

総合化

(出典:笠井 [2000: p.453])

　しかしながら、複会計制度は、現金主義会計の会計の構造は崩すことなく、収支分類の規準を改変したことになる。そのため、棚卸資産や設備資産の処理に関して、損益計算の内容について問題が指摘されている。

　それに対して発生主義会計は、各勘定グループにおいて借方と貸方を対応させるという垂直的統合を放棄している。借方側において、貨幣の出が資産の取得につながり、その取得された資産が資産の費消（費用）につながるという関係を想定する。「貨幣の出→資産の取得→資産の費消(費用)」という借方側の全体の流れを運用形態として同質化するのである。それに

図表8-3　発生主義会計の構造

水平的統合

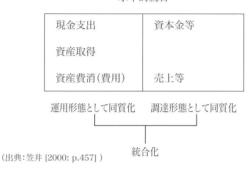

現金支出	資本金等
資産取得	
資産費消(費用)	売上等

運用形態として同質化　　調達形態として同質化

統合化

(出典:笠井 [2000: p.457])

対して、貸方側全体が調達源泉として同質化される。そのうえで、借方側の全体と借方側の全体とが水平的に統合されている（図表8-3参照）。

このように会計の構造の視点からは、政府部門においても、民間部門と同様に、政府・地方公共団体をひとつの経済実体と捉えて、その財政状態・財務業績を報告する目的からは現金主義・複会計制度よりも発生主義会計がより優れている。しかしながら、政府の予算制度（資源配分と事前統制の目的）においては、現金主義会計（あるいは複会計制度）が保持されているということは、財政運営の視点から政策や事業の収支計算に重点が置かれており、経営的な視点から政策や事業の効果や成果について注視されていないことを表している。予算制度を発生主義に移行することは、資源管理・事前統制・事後測定を同じ会計の構造の中で測定することを意味しており、政府部門においても経営の視点を導入することは望ましいものであると考える。

3.IFAC における予算報告の研究

IFAC・PSC［2004］（pp.12-13）の研究報告「予算報告」によれば、財務報告システムと予算システムとは、可能な限り最大限統合されるべきであるとしている。何故ならば、統合されたマネジメント・システムは、より良いマネジメントを可能にするからである。財務マネジメントには次の3つの目的があり、年間予算サイクルを超えて統合されるべきであるとしている。

① 合計支出及び欠損のコントロール
② 予算割当の効率性、及び、政策、プログラム、プロジェクト間での戦略的優先性の簡素化
③ 最少の費用で、アウトカム及びアウトプットを達成するための予算資源のより良い利用の奨励

図表8-4　会計のベースと予算のベースの組み合わせ

		予算のベース		
		現金主義	修正(現金/発生)主義	発生主義
会計のベース	現金主義	＊		
	修正(現金/発生)主義		＊ (日本)	
	発生主義		(米国)	＊ (英国、オーストラリア、ニュージーランド)

(出典：IFAC・PSC [2004: p.13] をもとに筆者が国名を加筆した)

　これらは、政府全体及び部門レベルの両者において、中期財政フレームワークにおける政策と年次計画及び予算がリンクすることによって達成されることを意味している。統合された会計システムは、意思決定者及び公的部門マネジャーに対して、これらの目的を達成するツールを提供するものである。発生主義会計が利用されている場合には、全ての経済資源の利用を図ることが可能となるために、予算についても発生主義に移行することができる。

　会計のベースと予算のベースは、大きく現金主義と発生主義に分かれるが、この間に、修正現金主義・修正発生主義がある。この関係は図表 8 -4 に示される。

　図表の中で、＊印の領域は、予算システム及び会計システムが同じベースを利用している政府報告主体を示す。

　米国の連邦政府及び州・地方政府の場合は、会計（財務報告）のベースは発生主義会計に移行しているが、予算報告は修正発生主義のモデルである。この場合、会計システムは、予算コントロールのためには現金主義ベースを採用し、財務諸表の作成のためには発生主義会計を採用することになる。

　英国、オーストラリア、ニュージーランドの政府・地方政府の場合は、予算及び会計のベースが共に発生主義会計のモデルといえる。

　わが国の政府・地方公共団体の場合は、予算も会計も修正現金主義会計

図表8-5 「経常活動による余剰(欠損)」と「事業活動の正味キャッシュ・フロー」との調整表

	20X2	20X1
経常活動からの純余剰(欠損)	X	X
非現金増減	X	X
減価償却	X	X
減耗償却	X	X
貸倒引当金の増加	X	X
支払金の増加	X	X
借入金の増加	X	X
従業員費用関連引当金の増加	X	X
有形固定資産の売却(損)益	(x)	(x)
投資の売却(損)益	(x)	(x)
その他流動資産の増加	(x)	(x)
再評価による投資の増加	(x)	(x)
受取債権の増加	(x)	(x)
異常項目(経常活動の定義内に入る項目)	(x)	(x)
経常活動からの正味現金収支	X	X

(出典:IFAC.PSC [2004])

のモデルであるが、参考資料として発生主義会計の財務諸表を作成している。

　IFAC・PSC は、予算のベースと会計のベースとに発生主義を適用することを推奨しているが、現実的には、米国のように、予算ベースと財務会計ベースとの間に相違が存在する場合がある。このような場合には、発生主義ベースの財務業績報告書の「経常活動による余剰（欠損）」と、現金主義ベースの予算・決算報告書の「事業活動からの正味キャッシュ・フロー」との相違について、図表 8-5 のような調整表を作成し説明することを求めている。予算と会計の差異を説明することで、財務報告の利用者の意思決定に役立てようという趣旨である。

　その後、IPSAS「第 24 号:財務報告における予算情報の開示」（IPSASB [2006d]）が公表されている。そこでは予算のベースと会計のベースが異なる場合に、図表 8-6 のような調整表を作成することを提示している。調整表は、現金主義の予算・実績と発生主義のキャッシュ・フロー計算書の関係を示すものであり、内訳としては、① 会計の基礎（認識の対象が現金か経済資源か）、② 認識の時期（認識の時期が現金の収受ベースか取

196

図表8-6 予算実績比較表の実績とキャッシュ・フロー計算書の調整表

	事業活動	財務活動	投資活動	合計
予算・実績比較表の比較可能な基礎に基づく実績	X	X	X	X
会計の基礎の相違	X	X	X	X
認識時期の相違	X	X	X	X
報告主体の相違	X	X	X	X
キャッシュ・フロー計算書の実績	X	X	X	X

(出典:IPSAS [2006d])

引の発生ベースか)、報告主体(一般会計か地方政府全体か)を示すことで、政府の説明責任の向上を目指している。

4. 米国における二重基準の議論

4-1. FASABにおける発生主義予算の議論

　連邦政府の財務報告では発生主義を採用しており、予算についても発生主義に関する議論は、古くからなされてきた。しかし、予算については全面的に発生主義を採用するのではなく、部分的に発生主義的考え方を活用した予算制度を採用している。

　連邦政府の予算制度には支出負担確定主義(obligation basis)という特徴がある。これは単年度支出ではなく、当年度以降将来にわたり支払いを要するような取引の総額が予算承認の対象となるシステムである。開始したプロジェクト等が負っている将来的な支出負担を、できるだけ一括して明らかにすることにより、予算統制の強化を図ることを目的としている。発生主義に基づいて予算化されているのは、将来的な支出負担を前倒しで(up-front)認識することに役立つ発生主義的な項目を選んで取り上げているが、支払いが先立ち、資源消費を後で認識するような項目は軽視されており、具体的には減価償却費や資本コストについては、予算化するとコストが小さく見えてしまうため、管理上問題があるという指摘がなされている。

4-2. GASBにおける二重基準の議論

　米国の地方公共団体の財務報告については、GASB［1990］第11号が公表されて以来、これに定める「財務資源」と「発生主義」に焦点を置くさまざまなモデルが模索されてきた。これに関する議論は約10年間続き、第11号の発効は無期限に繰り延べられた。しかし、GASB［1999］第34号の財務報告モデルは、第11号が想定したものとは大幅に異なるものであった。このモデルは、発生主義を投入し、インフラ資産についても資産計上と減価償却を義務付けたのである。

　従来の年次報告書は、基金を単位として、資源の利用に関する予算制約額を示すとともに、特定の活動から発生する流動性財務資源の収入支出額を測定するものであった。このような情報は、「財政関連法規への準拠性」の評価を読者に可能としてきた。

　しかしながら、行政活動の効率性や有効性を判断するためのツールとして完全発生主義は不可欠なものと考えられた。このような観点から従来の基金財務諸表モデルに一部修正を加えるとともに、別途、発生主義による「地方公共団体の財務諸表」の作成を義務付け、それらの間の照合を要求した。このアプローチが従来の財務報告モデルより利用者のニーズを充たすものと判断されたのである。

（1）二重基準アプローチ

　GASB第34号に先立ち1997年に示された公開草案において初めて二重基準アプローチが登場した。二重基準とは、ひとつは、地方政府全体を経済主体と捉えることにより発生主義を採用し、もうひとつは資源を管理する単位での基金の側面から修正発生主義を採用するというふたつの体系の財務諸表を要求するものであった。この公開草案に対する反応は否定的なものが多かった。すなわち、異なる情報を提供する基本財務諸表が2組存在し、かつこれらの関連性が説明されなかったからである。その結果、主要な基金については基金自体の情報を示したうえで地方政府の財務諸表との関連を示すこととした。

　議論の過程においては、基金会計に発生主義を導入することについても検討されたが、これは採用されなかった。基金会計は流動性財務資源の管理、短期的財政及び法規準拠性に焦点を当てた「財政上の説明責任」を示すために開発されたものである。もしも基金会計が、「経済資源」と「発生主義」という測定の焦点に準拠することになれば、基金の基本的な性質と目的の変化をもたらす。つまり、基金の本来の財政フレームワークから経済的主体やコストセンターへの転換を意味するものである。機械的にはコストセンターへの転換は可能である。すなわち資産も負債も１つ以上の基金に便益を提供している場合はそれを配賦すればよい。しかしこのような配賦は、特定の基金の経済的取引に客観的に基づいたものではなく、単に行政管理者の基金の配分方針に従ったものであり、この方針は政策的に変更されうるため、首尾一貫性に欠けることとなるからである。

　以上のような理由から、地方政府の財務諸表と基金財務諸表は、異なる会計基準で報告されることとなった。管理責任（スチュワードシップ）は、財務及び投資も含めて全ての資源の保全のみならず、それらの使用に係る規制への準拠性（「財政上の説明責任」）と共に、政府の行政目的を達成するために資源を効率的かつ有効的に使用すること（「事業上の説明責任」）とに区別される。

「財政上の説明責任」は、１つの予算サイクル或いは２年という短い期間における公金の徴収及び費消に関する責任である。これと対照的に、「事業上の説明責任」とは、どの程度事業目的が効率的かつ有効に遂行されているか、予知できる将来、この目的を達成し続けうるかどうかについて説明する責任である。このような２つの体系の情報を基本財務諸表として提供しその差異の調整を示すことは、利用者に対して有意義な洞察と広い理解を可能とする。従って、これに関する説明は「経営者による財務・運営成績の分析」においてなされなければならないとされたのである。

（２）予算報告の位置付け

　財務報告の目的の中には、資源が適法に成立した予算に従って獲得され

使用されたかどうか示すことも含まれる。このための最適な方法は、予算実績比較を示すことである。しかし、予算実績比較はこのような目的には合致するものの、州・地方政府の財政状態や事業の成果の理解には直接関係ない。また、予算情報については、測定の基準が明確には設定されていない。そのため、予算情報は基本財務諸表ではなく必須補足情報として提示することとした。なお、当初予算をも比較の対象として開示すべきこととされ、当初予算と最終予算の重要な差は「経営者による財務・運営成績の分析」で説明される。これは、この乖離が望ましくないことを意味するのではなく、当初予算を知る者あるいはそれに従って意思決定した者に対する説明責任上この情報が提供されるべきと考えられたためである。

このように、GASB 第 34 号のモデルは、概念書に規定された財務報告の目的に照らして、政府の説明責任をよりよく果たしていこうとする継続的な努力の一環として考案されたものであり、今後も社会経済的変化にともないこのモデルは改変されていくことが予定されている。州及び地方公共団体の財務報告は、このモデルにより財務情報及び非財務情報の充実が図られ、住民等への説明責任はよりよく遂行されることとなったといえる。

5. 英国における発生主義予算の導入

5-1. 英国政府の資源会計における発生主義予算の導入

（1）資源会計・予算制度の背景

英国においては、1980 年代後半のサッチャー政権下において、政府部門におけるマネジメント能力の向上、組織経営の効率化、行政サービスの質の向上等を目的とした行政改革、ネクスト・ステップ・イニシアティブが行われた。中央省庁への発生主義会計の導入は、1993 年 11 月の財務大臣による予算提案の席上であった。資金性の高い「財務資源」(financial resource) はもとより、有形固定資産を含めたすべての「経済資源」(economic resource) を管理する会計として、Resource Accounting and Budgeting: RAB (資源会計予算) と名付けられた。2007 年 7 月に「政

府資源・決算書法（Government Resource and Accounts Bill）」が成立し、1999年度決算から発生主義会計へ移行している。予算については、2001年度からの導入であり、2003年に発表された2001年度予算の決算をもって初めて資源会計・予算は一巡したことになる。

（2）資源会計・予算の目的

　資源会計・予算制の主な目的は、議会、政府及び各省に対して、次のような効果を及ぼすこととしている（HM Treasury［2001］）。

【議会にとって】

① 資源が政策目的達成のためにどのように使用されたか、国民への行政サービスが効率的に提供されているかについて、より良い情報を提供する。

② 予算及び決算の審査を充実させると共に、財政に関して政府に対する議会の統制を強化する。

【政府にとって】

① 戦略的な予算編成を行うと共に、資源配分に関する意思決定を行う上で有益な情報を提供する。

② 消費と投資を峻別することにより、財政運営上の規律を達成する。

③ 政府の近代化政策（Modernizing Government）実現に貢献する。

【各省庁にとって】

① 資産管理のため、コスト、資産及び負債に関する有益な情報を提供。

② 資源配分と投資的支出を行政サービスの提供に結びつける。

③ コストを現金の収支ではなく経済的価値の生成・費消に基づいて記録すると共に、行政活動に要したフルコストを把握する。

④ 行政サービス提供に利用される期間に資産を対応させて割り当てる。

⑤　債務、債権、棚卸資産、固定資産管理改善のインセンティブ付与。

　このように、資源会計・予算は、会計情報を単にアカウンタビリティのためだけに利用するのではなく、財政運営や行政サービスの効率化への活用を大きな目的としている。財務マネジメントの全体像は、次表のとおりである。新しい行政管理フレームワークと財政政策フレームワークをリンクさせ、アカウンタビリティの向上を図ろうとしているものである（図表8-7参照）。

図表8-7　資源ベースの財務マネジメント

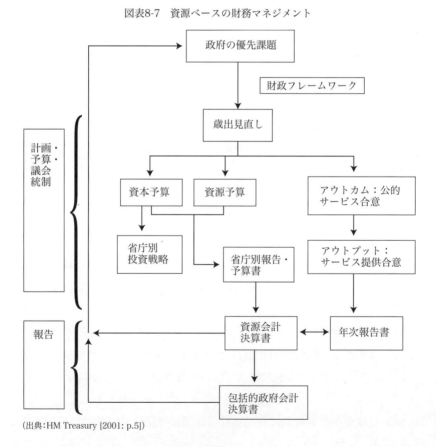

(出典：HM Treasury [2001: p.5])

（３）財政運営のフレームワークの設定

　長期的に持続可能で健全な財政運営を行うため、1998 年に財政安定化規律 (Code for Fiscal Stability) が制定された。ブレア政権はこれ基づき、① 中期的健全財政の維持、世代内及び世代間の公平性を保つ、② 短期的金融政策の支援と、財政制度の自動安定化装置により経済の変動をなだらかにする、という財政目標を設定した。さらに財政目標達成のために、① 政府の借入は投資的支出に限定（黄金ルール）、② 政府部門の純債務残高をＧＤＰ比で安定的かつ慎重な水準に保つ（持続的投資ルール）という、２つの財政規律を設定した。

（４）財務マネジメントの改革

　財政目標の設定と同時に、予算配分を中長期的かつ戦略的に行うため、従来の単年度予算を改め、包括的歳出見直し（Comprehensive Spending Review: CSR）を導入した。CSR では３カ年を１期として歳出の見直しを行い、財政目標を達成できるように、対象となる３カ年分の歳出総額の上限を省庁別に公共支出計画により決定している。

　各省庁の歳出総額は、消費と投資を峻別するべく、① 経常的支出のための資源予算（Resource Budget）と、② 資本的支出のための資本予算（capital budget）に分けられる。また、裁量性の有無の視点から、① 支出が法律等により義務付けられており、１年毎に予算額が決定される年度管理歳出額（AME）と、② 中期的な視野から行政サービスを提供するため、予算額が各年度に３ヵ年度分決定される省庁別歳出限度額（DEL）に分けられている。

（５）行政マネジメントの改革

　各省庁は 1998 年の政府決定に基づいて CSR の中で、３ヵ年の公共サービス合意 (Public Service Agreement: PSA) を作成しており、この中で、３年間に達成すべき政策目的（aim）、政策目標（objective）と業績目標（performance target）を設定している。PSA は、アウトカムに焦点を当

てた政策目標と業績目標が採用されている。

（6）全政府会計（CWGA）

　全政府会計は、中央政府、ヘルスサービス、地方政府、公営企業等の
1300団体を連結するものである。2005年度より、WGAによる会計報告
書が作成されているが、その後IFRS導入にともない、初めてのWGAが、
非監査であるが、2011年7月に公表された。 これにより、議会を含む利
害関係者に追加的な説明責任と透明性を提供することができるとしている。

　英国の地方政府の財務報告については、1993年にThe Chartered
Institute of Public Finance and Accountancy: CIPFA（英国勅許公共財
務会計協会）が会計実務指針（Code of Practice）を公表しており、
1994年度決算から発生主義会計に移行している。その後、財務省が
WGAを導入するにあたり、地方政府に対しても、政府会計基準（FRM：
IFRSを基本にして追加修正したもの）を適用している。

　なお、CIPFAの指針以前の会計は、「借入金償還会計」であった。これは、
経常収支計算書の支出項目に借入金元本償還額が記載されるものであり、
住民が負担すべき地方税の水準を決定する要素としていた。借入金元本償
還額と減価償却費が等しければ、サービス提供の原価（会計）と財務（フ
ァイナンス）が一致するが、実際には必ずしもそうではなかった。経常収
支は、サービス提供の原価を表さないことから、発生主義会計に基づく正
確な費用対効果の測定の必要性が指摘されていた。

　そのような背景のもとで発生主義が導入されたが、英国の地方政府会計
には、アセット・チャージという独自の思考があった。これは、サービス
提供のコストを把握する目的から固定資産の減価償却費を計算するが、原
価計算はサービスのコストを示すものであるが、それは住民が負担すべき
地方税の水準を決定するというファイナンス目的とは異なるとするもので
ある。そのため、一般ファンド残高増減計算書において、減価償却費相当
額を戻入して、影響をニュートラルにするという考え方を採用していた。

他方、借入金償還の資金を確保するために、最少収益引当金として、少なくとも資本調達必要額の４％を引き当てして、借入金返済や施設更新資金として留保することが求められていた。このように英国の地方政府においては、予算と会計とは区分されながらも関係性を保持しようという取組みがなされていたのである。

6. わが国の課題——東京都の事例

　東京都は、平成 18 年度（2006 年度）から、本格的な複式簿記を導入して、発生主義会計にもとづく財務諸表を公表している。予算は、地方自治法に基づき、現金主義会計を採用しているが、同時に、財務諸表は発生主義会計に基づくという、デュアルシステムを採用している。

　山本［2005: p.234］によれば、政府・地方公共団体等の公的部門のマネジメントとアカウンタビリティを改善するためには、① 予算執行管理（予算編成、予算執行）、② 財務報告（財務報告、監査）及び ③ 業績報告（事業目標の設定、事業計画の策定、事業への資源配分、成果指標・業績管理指標の設定・測定、業績報告）をどのように統合するかは重要な課題である。

　山本［2005: p.234］は、財務管理（① 予算執行管理と ② 財務報告）と業績管理（③ 業績報告）の統合のあり方を考える場合に、予算編成を次の３つの視点から検討することを指摘している。すなわち、

① 　マネジメント・サイクルとの関係、
② 　予算編成における測定システムの方法、
③ 　財務報告の予算編成における法的な位置付け、

の３つの視点である。
この視点から、東京都の事例を検証してみよう。

① 予算編成過程とマネジメント・サイクルとの関係

　財務管理と業績管理において、すべての活動を同じ尺度で測定対象にすることができれば、財務管理は予算と会計、業績管理は評価を織り込んだ統合化が想定できる。そのためには、財務的尺度と非財務的尺度の関連づけが必要であるが、その関連づけには困難性がある。

② 予算編成における測定システムの方法

　財務管理と業績管理を連動させる方策として、予算編成に業績測定システムを導入することがある。その測定システムには次の3つの方法がある。
　ⅰ）市場原理を適用し財務的尺度で業績を把握する市場的統合方式
　ⅱ）業績測定を財務会計と一体化することで収益・費用の認識と業績測定を関連づける統合方式
　ⅲ）財務と業績は異なるシステムで測定するものの費用対効果として関連づける方式

　会計のベースが現金主義である場合、予算に民間と比較できるような市場原理に基づく財務的尺度は適用できないが、業績測定と現金支出の認識（費用対効果）を関連づけることで、予算編成への反映が部分的に可能になる。次に、会計のベースが現金主義と発生主義の併用である場合、予算は現金主義であるが、財務会計と管理会計が発生主義で統合可能になり、事業レベルでの業績測定と費用（コスト）の関連づけが可能になる。そして、会計のベースが発生主義になるとき、初めて市場原理により予算と財務会計・管理会計の統合が可能になる（図表8-8参照）。

図表8-8　予算編成への業績測定システムの導入

統合方式	現金主義会計	併用方式	発生主義会計
市場原理による統合	×	×	○
財務会計・管理会計の統合	△	○	○
分担統合（調整）	△	○	○

（出典:山本 [2005: p.234]）

206

　東京都の場合、予算は現金主義で、会計は発生主義という併用方式に該
当するが、この場合には、「財務会計・管理会計の統合」や「分担統合（調
整）」により、財務管理と業績管理は統合可能であるといえる。

③　財務報告の予算編成における法的な位置付け

　財務報告の予算編成における法的な位置付けは、財務管理と業績管理の
統合において重要な意味をもつ。財務報告を法制度の枠内に置くか枠外と
するかにより、財務管理と業績管理の統合の方法に異なる影響があるから
である。

　財務報告を、予算・決算制度と切り離して、主として行政の内部管理や
アカウンタビリティ向上の一環として作成するという考え方がある。この
場合、議会審議に提供されることが必ずしも想定されていないし、義務的
ではないので、時期・内容・信頼性について、明示的な基準があるわけで
はない。したがって、この場合、財務報告は予算編成に反映されるとはい
えない。

　他方、財務報告を予算編成に包含する形式で位置付ける考え方では、財
務情報は、予算執行の記録・測定としてだけではなく、予算編成における
資源配分、執行段階における資源管理、決算段階におけるアカウンタビリ
ティの確保において活用することが意図されている。このとき、予算と決
算及び会計は同じ概念・基準で測定される。英国やニュージーランド等で
実施されている財務報告は、予算・決算を発生主義会計の概念で管理する
ものである。また、財務諸表が、予算・決算審議に参考資料として添付さ
れたり、議決事項でない財務情報として扱われたりする場合でも、実質的
には予算循環過程と一体化したものといえる。

　このように東京都の新しい会計制度改革では、マネジメント・サイクル
の確立をめざすために、予算編成の測定システムにおける「財務会計・管
理会計の統合方式」と、財務報告において「法的な位置付けを行う方式」
を組み合わせたものが採用されているといえる。

　予算の現金主義方式は維持されるものの、管理会計と業績評価は発生主

義で統一化され、さらに、業績評価と予算編成とのリンクも制度化を図るような方法である。事業単位において実質的に事業コスト - 業績評価 - 予算編成がリンクするものであるといえる。 さらに、今後の課題としては、予算の事業単位と会計の事業単位を同じものにするか、あるいは予算の単位を統合して会計の単位と連動したものにすることで、発生主義の思考を取り入れた中期的な視点からの財政運営が可能になると考える。

7. 小括

わが国の場合、本格的に発生主義会計を導入した東京都や町田市、江戸川区等においては、現金主義の予算と発生主義の会計（財務報告）とが併存するかたちになっている。

政府の会計は、会計だけでは完結しないものであり、財政計画・予算・政策評価が一体となって初めて機能するものである。その意味では、英国の中央政府における財政フレーム及び行政管理フレームと会計改革との統合という戦略は、わが国の公会計改革においても示唆を与えるものである。また、米国の連邦政府のように医療・年金等の長期的なサービス提供が求められる分野について、発生主義の思考を取り入れた長期財政持続可能性報告を行うということも重要な示唆である。

会計に発生主義会計を導入することにより、サービス提供のコストを把握することが可能になるが、予算が現金主義の場合、それは会計と財政（財源調達）との分離を意味している。会計と予算とは目的が異なるため、異なる財務数値が表示されることは、一般的には議会や住民にとって理解が難解な面もある。しかしながら、会計と財政をどのように結合するかはそれぞれの政府の経営にとって重要な課題であり、わが国においては、行財政運営に役に立つような財政及び行政のフレームワークの構築と共に公会計改革を進めることが重要であると考える。

第9章

総括

はじめに

　本書の研究目的は、政府・地方公共団体の公会計の特質について、公会計と企業会計とに共通する総合的な概念との照合を通じて、公会計における財務業績計算の構造を考察することである。ここで構造というのは、会計の種々の構成要素が一つの統一的な全体へ組織されているところの内的な関連性を意味していると考える。

　序で述べたように、会計は、経済活動を行う組織体の活動を認識・測定・伝達するための仕組みであり、その活動内容に応じた項目（勘定科目）を設定し、その増減の認識に基づいて金額を割り当てて最終的には財務諸表を作成・報告するプロセスである。そして、会計は、経済主体の組織目的によって設計されるべきものであるが、一方で組織目的に左右されない構造をもっているともいわれている。営利を追求する経済主体である企業と、公的サービスを提供する経済主体である政府とは、それぞれ異なる組織目的を有しており、その結果、それぞれに適合する会計の体系が異なってくると指摘されている。

　本書は、公会計は企業会計と共通の基礎があって、そのうえで公会計に固有の領域を検討すべきであるという立場に立つものである。そのような視点から、公会計の特質について、企業会計との直接的な対比よりも、企業会計と共通する総合的な概念との照合を通じて、どこが異なりうるのかを明らかにしたいと考える。研究方法としては、公会計の統一的な全体を構成するものとして、公的部門の特徴、公会計における財務報告の目的、報告主体、財務業績概念、資本維持概念、資産評価基準、予算制度等について、それぞれの関連性を考察して、公会計に適合した組み合わせのあり

方を検討してきた。

1. 公的部門の特徴と財務報告の目的

　現代の経済社会において、民間部門と公的部門とは相互補完的に存在している。民間企業は、株主から出資を受けて資本金を構成して事業投資を行い、市場において供給者と消費者の自由な交換取引を行うことで利益の獲得を目指す。

　これに対して、政府は、国民（住民）から選任された議員による立法機関（議会）において集合的に資源配分（予算）を決定して、その財源として非自発的拠出により税金等を徴収し、対価性のない公的サービスを住民に提供している。政府では、民主的統制の見地から、議会による資源の調達と配分が事前に承認されることが必要であり、予算原案作成と執行を担う政府（行政）と機能分担がなされており、企業経営のような計画・予算・執行の一元的管理体制が設定されていない。

　公会計にとって、企業会計と同様に、財務報告の目的は、利用者（住民等）に対する説明責任と意思決定に有用な情報を提供することである。そのために必要な情報としては、① 政府のもつ経済的資源、政府等に対する請求権、② 行政の責任者が政府の資源を利用するという義務をどのように効率的にかつ効果的に遂行したかを、利用者（住民等）が査定するのに役に立つ情報である。

　さらに、公会計の特徴として、③ 公的説明責任の履行義務に関して、期間衡平性（現在の税収等の収入は現在において提供されているサービスの量と質を維持するために十分であるか）、予算準拠性、サービス提供の努力・コスト・成果を査定すること、④ 予測される将来のサービス提供活動と目的、及びそれらの活動を支えるために必要なコスト・リカバリーの金額と調達源（納税負担）についての情報が必要とされる。

　財務報告の利用者（住民等）は、財務報告を通して、政府の業績を査定して、将来のサービス提供能力と将来の税負担を評価し、政策選択の意思

決定を行うことができる。企業会計では将来キャッシュフローの予測により企業価値を評価し投資の意思決定を行うが、それとは対照的に、公会計では、財政状態や財務業績の評価に加えて、将来にわたりサービス提供を継続した場合の住民の税負担（純負債）を評価することにより、政策選択を行うことが可能になる。この点に、公会計の目的と情報の特徴があると考える。

　以上をまとめると図表9-1のようになる。

図表9-1　公会計の財務報告の目的

	企業会計	公会計
財務報告の目的	会計は経済活動を行う組織体の活動を認識・測定・伝達するための仕組み。 経済活動に関するフローとストックの情報を提供する。その情報を用いて意思決定する利用者が存在する。利用者に対する説明責任と意思決定に有用な情報を提供する。	
必要とされる財務情報	①企業の経済的資源、企業に対する請求権 ②経営者が企業の資源を利用するという義務をどのように効率的にかつ効果的に遂行したか	
		③公的説明責任の履行義務に関して、期間衡平性、予算準拠性、サービス提供の努力・コスト・成果を査定すること。 ④予測される将来のサービス提供活動と目的、及びそれらの活動を支えるために必要なコスト・リカバリーの金額と調達源についての情報(将来の税負担)。
主な利用者	投資家等(現在及び潜在的投資家、貸手、その他の債権者)	住民(資源提供者、サービス受益者、主権者)、議会、与信者等
意思決定の内容	財政状態及び財務業績の評価	
	企業の将来のネット・キャッシュ・フローの予測を評価する情報をもとに、投資に対するリターンへの期待に基づいて投資の意思決定を行う。	住民や議会にとって、将来にわたって公的サービスを提供するコストが現在の時点でどのくらいの価値があり、そのために将来の税負担はどのくらいになるのかを推定し、政策決定を行う。

(出典：筆者作成)

2. 公的部門の企業観と報告主体論

　政府の財務業績を査定するには、予算・決算だけでは不十分であり、政府をひとつの経済実体とみなして、財務報告を行うことが必要である。その場合、公会計の報告主体は何かという課題がある。

　企業会計における企業観や会計主体論（本章では、報告主体論と呼んでいる）は、公会計においても共通な基礎的な概念を提供している。企業会計における資本主理論、代理人理論、企業主体理論、企業体理論、管理者理論、資金理論などは、公会計においても同様な意味を与えることができるだろう。政府を社会制度的な存在とみると、報告主体論としては企業体理論が相当するだろう。これは社会会計につながるものであり、公会計は、国民経済計算（Systems of National Accounts：SNA）との連携を視野に含まれているのが特徴である。

　筆者は、公的部門の企業観としては、政府をひとつの存在としてみる見方（企業会計の企業体説）と、政府と住民の関係の視点（企業会計の親会社説）との統合的な視点がふさわしいと考える。そして、報告主体論としては、政府には多様な債権者や取引先が存在するという利害関係者の視点からは、政府自体がひとつの経営主体として存在しているという企業主体

図表9-2　公的部門の会計の視点（企業観）と報告主体論

会計の視点	報告主体論
何が報告主体となるか	
住民（納税者・サービス受益者・政権選択者）の視点	資本主理論 代理人理論
政府自体（経営主体）の視点	企業主体理論
社会制度的の視点	企業体理論
非人格的、中立的、あるいは予算の視点	管理者理論（コマンダー理論） 資金理論
公会計と社会会計の関連性	
政府の公的部門全体の視点	公的部門（政府・地方政府）の連結（英国のWGA）
社会全体の視点	公的部門及び民間部門の社会会計（SNA）

（出典：筆者作成）

理論が適しており、同時に、住民が政府の説明責任を査定するという住民の視点からは、代理人理論や管理者理論が適している。したがって、公会計には、代理人・管理者理論と企業主体理論との統合的な視点がふさわしいと考える。

　そうではあるが、本書では、公会計の基礎的な概念を考えるうえでは、企業会計が前提としている資本主理論をもとに考察を進めることとする。企業会計との共通性と特質を明らかにするには有用であると考えるが、統合的な理念の可能性についても触れていきたい。

　以上をまとめると図表9-2のようになる。

　また、公会計においても、企業会計の連結財務報告という概念に対応するようなグループ報告という概念がある。IPSASB では、企業会計と同様に、支配基準をベースにしているが、公会計のグループ報告の範囲については、企業会計の支配基準よりも、説明責任基準 、監督及び実質的影響力等の基準が適合すると考える。また、グループ報告の開示については、連結だけでなく、併記方式などがあり、それぞれに有用性があると考える。

3. 公会計の財務業績の考え方

　政府等の公的部門は、納税者、サービス利用者及びその他の資源提供者から資源を調達し、多様な社会的及び経済的目的のため市民及びその他のサービス受領者へサービスを提供する。したがって、政府は、資源を提供する者に対し、また、必要なサービスを受益する者に対して説明責任を有する。政府は、説明責任目的及び意思決定目的のため利用者の情報ニーズを満たすため、財務諸表は財政状態と財務業績の双方について次の情報を提供しなければならない。

① 　報告期間中に政府によって調達された資源の金額と種類、将来の活動をサポートするために利用可能な資源及び将来支払うべき債務
② 　報告期間中にサービスを提供するために使用された資源の金額と種

　　類、資本資産の取得、負債の返済額またはその他の支払額

　また、財務諸表の利用者は、政府の経営者の財務業績に対して関心をもっており、財務業績報告書は、政府の資源要請額、資源が使用された目的、及び収益獲得活動の内容と範囲の査定を促進する。当期の純余剰は、収益が当期間中に発生したコストを満たすのに十分であったかどうかの尺度を提供するものである。

　IPSASB［2010b］では、財務業績が何を意味するかについて２つの異なるアプローチが存在するとしている。すなわち、収益費用アプローチ（revenue and expense-led approach）と資産負債アプローチ（asset and liability-led approach）である。

　収益費用アプローチの考え方は、公的部門の主体は収益の確保とその使途に対して説明責任を有しており、これを財務業績の基本的な指標として評価することが有用であるというものである。財政の運営の原則として、世代間負担の衡平性（inter-general equity）を図ることがある。そのため短期的には毎年度の予算が収支均衡するという収支均衡予算が原則となる。収支均衡予算は財政上の目標でありこれを達成することが財政上の評価になる。このような収支均衡という財政上の概念に対応して、公会計上の概念として、期間負担の衡平性（inter-period equity）がある。期間負担の衡平性とは、現在の税収等の収入は現在において提供されているサービスの量と質を維持するために十分であるかという発生主義会計において初めて認識できる概念である。

　ここで、公会計における「期間対応」は、行政サービスのコストとそれを賄う対価性のない財源との期間の対応という意味で用いられている。それは、企業会計における売上高と売上原価（直接費）というような個別的な対応ではなく、販売費及び管理費（間接費）のような期間的な対応という意味である。

　他方、資産・負債アプローチの考え方は、財務業績の測定は実質的な経済的事象に根拠を置くべきであるというものである。資産と負債は、直接

的に観察し、検証することができる資源と債務を表象する。財務報告期間
における純資源の変動を表示するすべての項目は、情報の高度の信頼性、
理解可能性、首尾一貫性及び比較可能性を確実にして、説明責任の評価を
行うことができる。資産と負債のすべての変動をひとつの報告書に含める。
また、将来のサービスを提供するために利用可能な物的資産及び将来に決
済されるべき債務など、公的部門の主体の資源に重点を置く必要性は、資
産負債アプローチを採用することを支援するものである。

　筆者は、公的部門の財務業績の把握のためには、期中の増減を適切に把
握することが必要であり、そのためには、資産負債アプローチを基本とす
ることが望ましいと考える。収益費用アプローチは、収支均衡予算の思考
になじみやすいものであるが、逆に予算や財政政策からの制約を受けやす
いともいえる。また、会計上は、繰延インフローや繰延アウトフローのよ
うな資産でも負債でもないメザニン的な概念を必要とする場合が生じる。

　したがって、経済的な実体を把握するという目的に対しては、資産負債
アプローチを基本としながら、それを補足する形で、収益費用アプローチ
を参考にするのが適切ではないかと考える。

　以上をまとめると図表9-3のようになる。

図表9-3　公会計の財務業績の測定

	資産負債アプローチ	収益費用アプローチ
財務業績	報告期間中の主体の資源と債務のすべての変動の正味の結果として測定する。	財務業績を当期の活動に密接に関連する収益のインフローと費用のアウトフローの結果として測定する。
財政状態報告書	繰延勘定は計上されない。	フローの繰延と繰延項目の認識(繰延インフローと繰延アウトフロー)を必要とする。
財務業績の意味	報告期間を通じた純資産の変動としてみる。資源と債務の観点、つまり実体的な経済的事象の観点から定義される。	財務諸表の利用者は、期間衡平性(当期間に認識された税金及びその他の収益が、当該期間中のプログラム及びサービスの提供のために認識されたコストを賄うのに十分であったか)を評価することができる。均衡予算主義との関係性が理解しやすい。

(出典：筆者作成)

4. 公会計の財務業績概念の諸類型

　ここでは、公会計の財務業績計算の構造を考察し、公会計の特質に応じた、財務業績の測定のあり方を検討する。IPSASB［2010c］は、測定基礎（評価基準）として、取得原価、市場価値、再取得原価の３つをあげて、それぞれの特徴を４つの視点から整理している（paras.1.7-1.9）。（図表9-4参照）。

図表9-4　測定基礎の特徴

測定基礎の特徴				
測定基礎	歴史的または現在的な属性	入口または出口の見方	市場または主体固有の見方	資本概念
取得原価	歴史的	入口	主体固有	財務資本
市場価値	現在的	どちらか一方	市場	市場価値（市場のリターンを稼得する能力）
再取得原価	現在的	入口	主体固有	活動能力

（出典：IPSASB [2010c: para.1.11]）

① 測定基礎は、歴史的な属性または現在的な属性という特徴をもつ。

② 測定基礎は、入口価値か出口価値を使用することがある。

③ 測定基礎は市場の見方又は主体固有の見方のいずれかを採用することがある。市場からの見方は、比較可能性を促進することができる。他方、主体固有の立場からの見方を採用する測定基礎は、目的適合性があるであろうが、異なる主体間で相違が生じるであろう。

④ 測定基礎の選定を資本の概念の選定と関係づけることが理解に役立つ。測定基礎が、資本についての選定された概念に対して適切になるように選定される場合は、財務諸表の連接は完全になる。財務報告の測定基礎の選定は、一般的に、資本の特定の概念と首尾一貫性がある。

　IPSASB［2014］では、測定基礎を理想的な資本概念に関連づけること

は、測定基礎の選択を過度に制限する可能性があるとして、測定基礎の選択は理想的な資本概念に基づくべきであるという見解を退けた。そのうえで、測定基礎の適用については、単一な測定基礎の適用ではなく、複数の測定基礎の適用が適切であるとしている。

　筆者は、IPSASBの測定基礎の考え方をもとに、企業会計の損益計算の構造と利益概念の類型を手掛かりにして、公会計にふさわしい財務業績の構造を考えると、報告主体と利益測定の組合せによって決定される。報告主体は、資金会計、政府・自治体、公的部門全体からの選択になる。

図表9-5　公会計における財務業績計算の構造

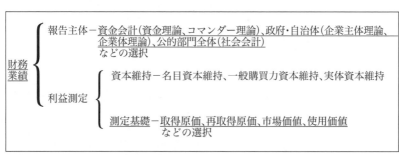

(出典：田中[1996: p.1] をもとに筆者が下線部分を修正した)

　利益測定については、公会計の利益概念は、企業会計の利益概念とは異なり、当期純利益のような数値的に表現できないものであるが、報告主体の選択と共に、財務業績の構造としては、資本維持概念と資産評価の組み合わせによって決定される（図表9-5参照）。

　公的部門においては、棚卸資産はほとんど存在せず、インフラ資産のような長期的に維持更新していく固定資産が多額に存在するという特徴がある。そして政府は、サービス提供能力（有形固定資産）を中長期にわたり維持更新する責務がある。そのような特徴から、公的部門における財務業績計算の類型を考えると、評価基準（測定基礎）と資本概念の組み合わせとしては、図表9-6が考えられる。

図表9-6　公的部門における財務業績概念の諸類型

評価基準(測定基礎) 資本概念	取得原価	再取得原価	市場価値
名目貨幣維持	歴史的原価会計	現在原価会計	現在市場価値会計
一般購買力資本維持	実質歴史的原価会計	実質現在原価会計	実質現在市場価値会計
実体資本維持	―	取替原価会計	―

(出典:筆者作成)

　資本維持概念と評価基準（測定基礎）とは、単一の組み合わせではなく、複数の組み合わせが可能であると考える。

　その組み合わせの中から、公会計の財務業績の評価に適合するような測定基礎（評価基準）と資本概念の組み合わせを検討する。

　一般的に、一個の財貨に対して、いくつかの異なった価値が存在する。ある特定の価値や評価方法を選択する場合に、どのような観点からそれらを選択すべきかは、財務報告の利用者にとって、会計情報の有用性があることが最も基本的なことである。それは、財務報告の質的特徴の中で目的適合性といわれるものである。ただ、ある意思決定を行うにはどのような情報が必要であるか、また、種々の利用者集団の中でも関心があることにしたがって意思決定の方法も異なってくるため、何らかの一般的な仮定をおかなければならない。

　政府を取り巻く利害関係者は多様であり相互に対立する場合もある。会計は利害調整の役割をもっており、この点からは、会計上の価値測定には、数値上の客観性と検証可能性を十分に備えることが要請される。このような難点を認識しながら、公会計における資本概念と評価基準を考察する。

　まず、評価基準（測定基準）の特徴をみていくと次のとおりである。

　取得原価は、一般的に適用が簡単であり、また高い検証可能性を有する。財務報告の目的として、公的説明責任の履行義務に関して、期間衡平性、予算準拠性、サービス提供の努力・コスト・成果を査定すること、さらに予測される将来のサービスの水準と将来の納税負担を評価するためには、取得原価評価が適合するといえる。しかしながら、特に価格変動が著しい

場合には、他の測定基礎ほどの目的適合性はない。

　市場価値は、奥行きが深く流動性のある市場では多くの長所を有する。売却予定の固定資産には市場価値が適合する。しかしながら、公的部門でインフラ資産のように高度に特殊化された固定資産を多額に有している場合、市場価値の目的適合性は問題とされる。

　再取得原価は、サービスを提供するために保有される資産について目的適合性のある情報を提供する。しかしながら、場合によっては、複雑で、適用にコストがかかり、また、財務諸表の検証可能性と比較可能性を制限する主観的な判断に依存することがある。

　公会計の目的を確認すると、その目的は、利用者（住民等）に対する説明責任と意思決定に有用な情報を提供することである。

　このような公会計の目的に適合する財務業績概念は、単一の組み合わせではなく、実態に応じて複数の組み合わせが存在する。

　政府が長期的に固定資産を保有してサービス提供を行うのであれば、公的説明責任の査定には取得原価にもとづく歴史的原価会計が適している。また、将来のサービス提供能力と将来の税負担を評価し政策選択の意思決定を行うためには、再取得原価が望ましい。なお、インフレーションが低い場合は取得原価でも十分であろう。

　売却予定の固定資産があれば、市場価値による評価が適切である。

　政府がサービス提供能力を維持更新していく責務があることから、インフレ等の物価変動を反映するためには、再取得原価にもとづく現在原価会計に目的適合性がある。もしも資本維持概念と評価基準を単一に結びけるならば、再取得原価評価は実体資本維持概念と理念的には結びつきやすい。しかし、現代のような技術革新の速い時代にあっては、実体資本維持概念のもとでは維持すべき資本（活動能力）を定量化することは困難である。したがって、名目資本維持概念のもとで、再取得原価評価を選択して、サービス提供能力の維持を図ることが有用である。つまり、再取得原価を選択しながら、物価変動による保有損益を通常の財務業績とは区別して認識し、表示することが有用であると考える。なお、再取得原価は、評価の

客観性の問題、技術革新を反映できないこと、費用対効果等の問題があることに留意すべきである。

また、将来のサービス提供の水準と納税者の将来の税負担を評価するという目的のためには、サービス提供の現在における価値（将来税負担額）から、固定資産の現在における価値を控除することによって、正味の現在価値（純債務）を計算することができるであろう。ここで、固定資産の現在における価値は、理論的には再取得原価が適合する。インフレーションが低い場合は、取得原価でも十分であるといえるが、インフレーションが高い場合は、再取得原価がより有用であるといえる。

固定資産を再取得原価で評価した場合、その評価損益を財務業績上どのように取り扱うかについて検討する。具体的には、一般物価変動や個別価格変動を反映して資本修正を行うかどうかであるが、それは資本維持概念によって異なってくる。

公的部門では、住民は、企業の株主のような存在ではなく、サービスの受益者であり納税者でもある。そのため、純資産の中に資本（出資）という概念が存在しないため、一般物価変動や個別価格変動にともなう資本修正を区分して利益計算することの意味が乏しい。公会計では、名目資本維持概念のもとに、評価損益を区分計上することによって、財務業績の評価を行うことが有用であると考える。

なお、現在のIPSAS第1号では、財務業績計算書の様式が、その他包括利益や総利得損失計算書を含まないものになっており、IFRSの包括利益計算書へ対応していない。つまり、資産の評価損益のうち評価損は財務業績計算書に計上されるが、評価益は純資産直入となっている。IPSASにおいてもその他包括利益を含む財務業績計算書への検討が必要であると考える。

5. 公会計における特徴的な論点

公的部門の会計の固有な論点として、次の3点をあげることができる。

① 収益を生み出さない資本資産への大規模な投資

② 主な財源が税収である

③ 政府・自治体の純資産に資本金（所有者からの拠出）は存在しない

　この3点については、第5章〜7章において詳しく検討している。ここでは公会計の構造論の視点から個別の事例として、その要点を概説する。

5-1. 固定資産の再評価とインフラ資産の会計

　IPSAS第17号では、インフラ資産について普遍的に受け入れられた定義はないが、これらの資産は一般的に下記の特徴の一部又はすべてを有しているとしている（para.21）。

(a) システム又はネットワークの一部である

(b) 性質が特殊のものであり、代替的利用ができない

(c) 移動させることができない

(d) 処分に関して制約を受ける

　インフラ資産の所有形態は、公的部門の主体に限られるわけではないが、重要なインフラ資産はしばしば公的部門の中で見受けられる。IPSASには、インフラ資産の特別の規定はない。インフラ資産は、有形固定資産の定義に該当し、IPSAS第17号に準拠して、通常の固定資産と同様に再評価あるいは減価償却するという会計処理が適用される。

　筆者は、インフラ資産の評価方法として、サービス提供能力の維持が求められる社会的基盤施設の特性から、理論的には、取得価額や市場価値ではなく、再取得原価が適切であると考える。しかしながら、インフラ資産の構築物（道路の路面、水道・下水道の管渠等）は、技術革新が大きいため、再取得原価の評価には限界がある。将来の更新時の取替原価を評価す

るためには、物理的な取替、操業能力の維持など、想定されている利用目的や状況に基づき定義される必要があるだろう。

　次に、インフラ資産のサービス提供能力の損失をどう認識するかについて検討する。有形資産の取得原価をその見込まれる耐用期間にわたり算術的基準（減価償却）に基づき配分するという一般に認められている慣行は、インフラ資産のような複雑で多重構造的な資産の財務報告には十分に正確であるとはいえない場合があるだろう。サービス提供能力の損失の認識に関しては、ふたつの考え方がある。

　ひとつは、インフラ資産は必要な時期に維持補修を施すことによって超長期的に使用可能なものとする考え方であり、もうひとつは、一定の時期において全面的な取替更新を要するとする考え方である。後者の考え方では、減価償却することになるが、前者の考え方では、通常の減価償却に代替する方法として、① 状態評価に基づく減価償却、② 更新会計、③ 繰延維持修繕費という方法がある。これらは、インフラ資産の耐用期間の長さが、資産の質的な内容、減耗の程度、維持修繕の状況などの資産の価値に大きな影響を与えていることを反映するものである。

　インフラ資産については、一定の資産管理計画を作成し、定期的に状態評価を行い、効率的で効果的な維持管理を行うことが求められている。そのような目的からは、維持補修費（更新支出）とネットワークの消耗実績とに重要な差異がないかどうかを常に確かめて、それを会計基準に反映す

図表9-7　インフラ資産の再評価と減価償却

国名	資産評価	減価償却の方法
英国政府	再取得原価	減価償却しない。更新会計を適用。
ニュージーランド政府		減価償却する（残存価値30％）
米国政府	取得原価	減価償却する。繰延修繕維持費を適用。
米国州・地方政府		減価償却する、あるいは、更新会計適用。

(注)インフラ資産の評価基準は、通常の固定資産と同じであるが、減価償却の方法がそれぞれ異なっている。
(出典:筆者作成)

ることが必要である。上記の３つの代替的な会計処理は、適用条件として維持管理の適正性を常に評価することが必要なことから、いずれも減価償却費の代替的な方法であると考える。

英国・米国等のインフラ資産の会計基準をまとめると図表9-7のようになっている。

5-2. 非交換収益(税収及び補助金)の会計

公的部門固有の会計上の課題のひとつとして非交換収益(租税及び移転)がある。非交換収益には、① 租税と② 移転（補助金等）が含まれる。租税とは、政府に対して収益を提供するために確立された法律又は規則に従って公的部門の主体に対して強制的に支払う義務のある経済的便益又はサービス提供能力である。移転とは、租税を除く非交換取引による将来の経済的便益又はサービス提供能力の流入である。

IPSAS 第23 号においては、収益の認識は、広い意味での「拘束」(stipulation) が「条件」(condition) と「制限」(restriction) に分けられている。「条件」とは、資産の使用のための要件で、これを満たさなければ移転された資産の返還義務を負う。したがって、会計上も資産の認識と共に負債の認識を伴う。「制約」とは，これが満たさなければ返還する義務を負うというものではなく、したがって、負債は認識されない（収益として計上される）。つまり、拘束の度合いによって負債を認識するかどうかで反映させる会計処理である。

筆者は、非交換収益（税収及び補助金）については、資産負債アプローチに基づき収益認識を行うべきであると考える。収益費用アプローチの意義は、企業会計の売上と売上原価のような個別的な「収益と費用の対応」ではなく、販売費及び一般管理費のような「期間における対応」であるという意味であり、その視点から資産負債アプローチを補完すべきものであると考える。

繰延収益は、負債概念には該当しないが、メザニン（中間的）な概念（構成要素）が有用な場合もあることを認識しておくことは必要であると考え

る。

　例えば、わが国の地方公営企業会計における建設補助金（国や都道府県からの補助金）の会計処理がある。地方公営企業は、独立採算が要求されており、総括原価方式のもとで、利用料が設定される。建設補助金には、料金負担の軽減という政策目的があるので、会計上は繰延収益に計上して、減価償却費の計上にあわせて収益化していくことが適切である。料金改定時の資料として、減価償却のコストと共に繰延収益の情報を活用することは、利用者に対して説明責任を果たすことにもなると考える。

5-3. 純資産の会計

　公的部門の会計の固有な課題として純資産の会計がある。しかしながら、この分野の研究はあまり進んでいない。

　政府の財務諸表では、米国連邦政府等のように、債務超過になっているところが少なくない。一般的には、財務業績計算書の当期余剰・欠損（利益・損失）は、貸借対照表の純資産の増加・減少となって表れる。財務業績が赤字であり、純資産が減少している（あるいは債務超過である）ということは、将来的には国民にとって増税かサービス提供の削減を意味する。公的部門の固有性を踏まえて、財政状態における債務超過の意味、純資産の内容を検討することが必要である。

　森田［1978］は、企業会計において、理念的あるいは経営的に拘束性という概念を資本概念に取り込んだものであり、拘束性には経営者の意思決定と企業実態により様々な組み合わせがあると述べている。そして、貨幣資本の拘束性の概念を拡張することによって、名目資本維持概念のもとで、実体資本維持と同様な利益計算ができるとしている。森田は、このような考え方の背景には、ハックスの考え方、すなわち、貨幣（名目）資本維持と実体資本維持の両者が企業維持にとって必要であるという考え方が影響していると述べている。企業は、出資者の投下した資本としての性格と、国民経済全体の生産機構の一部として、一定の給付を国民経済に対して継続的に提供する任務をもっているとして、貨幣（名目）資本維持と実

体資本維持の両者を企業維持ないし経営維持という概念のもとで結合しているものである。

　これに対して、政府には、住民が政府の業績を査定するという、住民と政府の関係から資本的（代理人）な性格と、住民へのサービス提供能力を維持するという社会的な任務をもっており、貨幣（名目）資本維持と実体資本維持の両者を経営維持という概念のもとで結合するという思考がふさわしいと考える。そのような視点から、公会計の純資産概念としては、名目資本維持概念のもとで、実体資本維持の計算が可能な構造が適合するものと考える。

　一般的には、物的資産に対して拘束性という概念は、名目資本維持概念のもとで取得原価評価と結びつきやすいが、サービス能力の維持の観点からは、再取得原価評価に目的適合性がある。他方、貨幣資産に対して拘束性という概念は、貸付金や投資プロジェクトには原価評価（及び減損会計）が適合する。財務業績計算の構造は、資本維持概念と資産評価の組み合わせによって決定されるが、公会計の特質から、選択基準を考えることが可能である。純資産の概念と対応する資産とその評価基準の組み合わせについて、図表9-8のような組み合わせが考えられる。

図表9-8　公会計の純資産概念と資産評価の組み合わせ

純資産の概念	拘束性ある貨幣資本			自由選択資金性の貨幣資本	
対応する資産	固定資産 （有形固定資産、貸付金、投資プロジェクト等）			その他の財務資産 （金融資産等）	
資産評価基準	取得原価	実質（購買力）修正した取得原価	再取得原価	取得原価	市場価値
資本維持概念	名目資本維持				
損益計算構造	評価損益は計上しない	評価損益は、その他包括利益で認識する		評価損益は計上しない	評価損益は、財務業績計算書で認識する

(出典：筆者作成)

226

　筆者は、公的部門の純資産の会計を考えるとき、GASBのような拘束性による区分は現金主義予算とは適合するが、発生主義予算とは必ずしも適合しないと考える。むしろ、公会計の計算構造の中で、予算制度との関係を考慮しつつも、会計としての純資産の考え方や表示を検討することが有用ではないかと考える。

6. 公会計改革と予算制度

　公会計を巡る特質として、会計（財務報告制度）と予算制度との関係がある。会計と予算制度に関して、民間部門と公的部門を比較するとき、公的部門では予算が国民の代表機関に相当する議会で審議・承認されることが必要であり、予算編成プロセスの占める比重が大きい。それに対して、民間部門では株主総会で運営の委任を受けた経営者が毎年度の予算（事業計画）を策定するだけで株主総会の議決は必要ない。民間部門は決算が議決事項になる点でまさに結果志向なのであるのに対し、公的部門は、活動原資が非自発的な税金に基づくことから、納税者の代表からなる議会で予算について集合的意思決定が必要になる。

　IFACの公会計委員会（IFAC・PSC）[2004] の研究報告「予算報告」では、財務報告システムと予算システムとは、可能な限り最大限統合されるべきであるとしている。何故ならば、統合されたマネジメント・システ

図表9-9　会計のベースと予算のベースの組み合わせ

		予算のベース		
		現金主義	修正(現金/発生)主義	発生主義
会計のベース	現金主義	＊		
	修正(現金/発生)主義		＊ （日本）	
	発生主義		（米国、欧州諸国）	＊ （英国、オーストラリア、ニュージーランド）

（出典：IFAC・PSC [2004, p.13] をもとに筆者が国名を加筆した。）

ムは、より良いマネジメントを可能にするからである。

　図表9-9の中で、＊印の領域は、予算システム及び会計システムが同じ
ベースを利用している政府報告主体を示す。

　海外の政府における会計と予算制度の関係をみると、英国、オーストラ
リア、ニュージーランドでは、予算制度に発生主義会計を導入し、会計（財
務報告）と予算制度とに一貫性を保持している。他方、米国をはじめ、ヨ
ーロッパの諸国（スウェーデン等）やわが国の東京都などでは、財務報告
に発生主義会計を導入しているが、予算は現金主義会計を採用しているこ
と（以下、デュアルシステムという）が多い。なお、わが国の政府・地方
公共団体では、現金主義会計の予算・決算制度のもとで、発生主義会計の
財務諸表は参考情報という位置づけになっている。

　デュアルシステムの問題点としては、2つのシステムの存在は煩雑であ
り、2つのシステムは広範囲な照合を必要としており、照合結果の報告も
要求されることがある。統合システムと同様にコストがかかる。デュアル
システムでは、行政の管理者は現金主義の予算に対する説明責任を負うた
め現金に注力することになり、発生主義会計の情報への興味を薄めること
になる。そのため、予算における発生主義会計の効果は無視できるほどに
小さくなってしまう。しかしながら、デュアルシステムの存在意義として
は、発生主義の情報は組織の管理にとって重要であり、組織単位のマネジ
メントにとって基礎的な情報を提供する。他方、現金主義の予算システム
は予算上の政治的・政策的な決定を支援する。すなわち、異なる目的に異
なる会計の基礎が適用されるというものである。

　筆者は、政府のマネジメントが、議会による行財政の統制が主たる目的
であるならば、デュアルシステムを採用したまま、発生主義会計の情報を
予算編成に間接的に活用することが可能であると考える。しかしながら、
政府全体の経営マネジメントを改善するという目的からは、財務報告シス
テムと予算システムは、発生主義で統合すべきであると考える。何故なら、
会計（財務報告）と予算制度を統合化したシステムは、政府全体及び部門
レベルの両者において、中期財政フレームワークにおける政策と年次計画

及び予算をリンクすることができ、意思決定者および公的部門の管理者に対して、これらの目的を達成するツールを提供することができるからである。統合システムにおいては、全ての経済資源の利用を図ることが可能となるために、予算と会計に一貫性を保持できるものである。

発生主義の会計情報は、単に議会・国民に対するアカウンタビリティのためだけに利用するのではなく、財政運営や行政サービスの効率化へ向けて活用することが必要である。公会計改革は、新しい経営マネジメントの道具として、予算制度を変革し、行政管理フレームワークと財政政策フレームワークを連動させて、経営改革を進めることで、住民へのアカウンタビリティの向上も図ることできると考える。

以上、本章では公会計論の構造を総括的に考察してきた。公会計の統一的な全体を構成するものとして、公的部門の特徴、公会計における財務報告の目的、報告主体、財務業績概念、資本維持概念、資産評価基準、予算制度等について、それぞれの関連性を考察して、公会計に適した組み合わせのあり方を検討してきた。また、公会計の特徴的な個別論点についても同じ視点から検討した結果を要約しており、公会計を予算制度との関係を考慮しつつ、公会計の枠組みを検討してきたものである。

本書が、公会計の研究と共に、企業会計と公会計との間の統合的あるいは調和的発展にとって貢献できれば、研究の意義があると考える。今後とも、公会計の研究に努める所存である。

参考文献

● 海外文献

American Accounting Association [1966], *A Statement of Accounting Basic Theory* (飯野利夫訳 [1969] 『基礎的会計理論』国元書房).

Accounting Standards Board [1990], *Statement of Standard Accounting Practice No.4: Accounting for Government Grants.*

―――[1992], *Financial Reporting Standards 3: Reporting Financial Performance.*

―――[1999], *Financial Reporting Standards 15: Tangible Fixed Assets.*

Ball, Ian [2009], "Governments ought to produce sensible financial statements" *Financial Times,* April 24.

――― [2011], "Governments guilty of deficient accounting practices" *Financial Times*, September 29.

Berit Adams, Riccardo Mussari and Rowan Jones [2011], "The Diversity of Accrual Policies in Local Government Financial Reporting: An Examination of Infrastructure, Art and Heritage Assets in Germany, Italy and the UK" *Financial Accountability & Management, 27(3).*

Birmingham City Council [2008], *Statement of Accounts 2007/2008.*

Broadbent, Jane and James Guthrie [2008], "Public Sector to Public Services: 20 years of 'Contextual' Accounting Research", *Accounting Auditing & Accountability Journal, Vol 21, No2.*

Bromwich, Michael and Irvine Laspsley [1997], "Decentralization and Management Accounting in Central Government: Recycling Old Ideas?" *Financial Accountability & Management, 13(2).*

The Chartered Institute of Public Finance and Accountancy [2011], *Code of Practice on Local Authority Accounting in the United Kingdom .*

The City of New York [2008], *Comprehensive Annual Financial Report of the Comptroller for the Fiscal Year ended June 30.*

Copley, Paul [2009], *Essentials of Accounting for Government and Not-For-Profit Organizations, 10th edition*, McGraw-Hill/Irwin

Chan, James L. [2009], " A Comparison of Government Accounting and Business

Accounting" *International Journal on Governmental Financial Management* 9(1).

Chow, D., Humphrey, C. and Moll, J. [2007] "Developing Whole of Government Accounting in the U.K. Grand Claims, Practical Complexities and a Suggested Future Research Agenda", *Financial Accountability & Management,* 23(1) (2007):27-54

Christianes, Johan, Brecht Reyniers and Caroline Rolle [2010], "Impact of IPSAS on Reforming Government Financial Information Systems: A Comparative Study" *International Review of Administrative Sciences 76 (3).*

David Heald and George Georgiou [2000] "Consolidation Principles and Practices for the UK Government Sector", *Accounting and Business Research,* 30(2) 2000 pp.153-167

Department of Trade and Industry, UK [2004] , *Annual Report and Accounts 2003-04.*

Edwards, Edgar O. and Philip W. Bell [1961] , *The Theory and Measurement of Business Income* , University of California Press. (中西寅雄監修、伏見多美雄，藤森三男訳 [1964]『意思決定と利潤計算』日本生産性本部).

Federal Accounting Standards Advisory Board [1993] , *Statement of Federal Financial Accounting Concept No.1: Objectives of Federal Financial Reporting.* (藤井秀樹監訳 [2003],『GASB ／ FASAB 公会計の概念フレームワーク』中央経済社).

―――[1995] , *Statement of Federal Financial Accounting Concepts No. 2: Entity and Display.* (藤井監訳 [2003])

―――[1999] , *Statement of Federal Financial Accounting Concepts No.3: Management's Discussion and Analysis.* (藤井監訳 [2003])

Financial Accounting Standards Board [1978] , *Concepts Statement No. 1: Objectives of Financial Reporting by Business Enterprises.* (津 村 常 弘 監 訳 [1997]『FASB 財務会計の概念フレームワーク』中央経済社)

―――[1980], *Concepts Statement No.4: Objectives of Financial Reporting by Nonbusiness organization.*

―――[1993] , *Statement of Financial Accounting Standards No.116 : Accounting for Contributions Received and Contributions Made .*

―――[2008], *Exposure Draft: Conceptual Framework of Financial Reporting: The Objective Characteristics and Constraints of Decision-Useful Financial Reporting Information.*

General Accounting Office [2000], *Accrual Budgeting: Experiences of Other Nations and Implications for the United States.*

Gert, Paulsson [2006], "Accrual Accounting in the Public Sector: Experiences from the Central Government in Sweden" *Financial Accountability & Management,* *22(1).*

───[2007], " Accrual Accounting and Cash Budgeting The Prospects for Running A Dual System" *Paper to be presented at the EGPA Conference,* Madrid, Spain, September.

Governmental Accounting Standards Board [1987], Concepts Statement No. 1: *Objectives of Financial Reporting.* （藤井監訳 [2003]）

───[1991] , *Statement No.14: The Financial Reporting Entity.*

───[1994] , *Concepts Statement No. 2: Service Efforts and Accomplishments Reporting.* （藤井監訳 [2003]）

───[1998] , *Statement No.33: Accounting and Financial Reporting for Nonexchange Transaction.*

───[1999] , *Statement of No34: Basic Financial Statement and Management's Discussion and Analysis for States and Local Governments.*

Heald, D. and G. Georgiou [2011] "The Macro-Fiscal Role of the U.K. Whole of Government Accounts", *A Journal of Accounting and Business Studies,* Vol.47, No4,

HM Treasury [2001] , *Managing Resources ∶ Full Implementation of Resource Accounting and Budgeting.*

───[2003] , *Resource Accounting Manual.*

───[2009], *Financial Reporting Manual 2008-09*

───[2019] ,*Whole of Government Accounts: year ended 31 March 2018*

───[2021] , *Government Financial Reporting Manual.*

Institute of Chartered Accountants of New Zealand [2001], International, *Financial Reporting Standard No.3: Accounting for Property, Plant and Equipment,* 2001

International Accounting Standards Board [1994], *International Accounting Standard 20: Accounting for Government Grants and Disclosure of Government Assistance.*

───[1998] , *International Accounting Standard 37: Provision, Contingent Liabilities and Contingent Assets.*

───[2000], *International Accounting Standard 16: Property, Plant and Equipment.*

───[2001], *International Accounting Standard 41 : Agriculture.*

───[2009], *Exposure Draft: Fair Value Measurement.*

───[2010], *Project: Conceptual Framework, Measurement implications of the objective of financial reporting, Measurement implications of the qualitative characteristics, Topic: What the measurement chapter should accomplish.,*

Staff Paper, IASB Meeting and FASB Meeting July.

————[2012], *International Financial Reporting Standard 10 : Consolidated Financial Statements.*

————[2018], *Conceptual Framework of Financial Reporting*

International Federation of Accountants, Public Sector Committee [2000], *Study 11 : Government Financial Reporting – Accounting Issues and Practices .*（日本公認会計士協会公会計委員会訳 [2004]『政府の財務報告』）

————[2002], Study 14 *"Transition to the Accrual Basis of Accounting* ".（日本公認会計士協会公会計委員会訳 [2004]『発生主義への移行』）

————[2004], *Research Report: Budget Reporting.*

International Federation of Accountants, The Chartered Institute of Public Finance & Accountancy [2021], *International Public Sector Financial Accountability Index 2021 Status Report*

International Public Sector Accounting Standards Board [2000], *International Public Sector Accounting Standards 2 : Cash Flow Statement.*

————[2002], *Occasional Paper: Resource Accounting, Framework of Accounting Standard Setting in the UK Central Government Sector.*

————[2006a], *International Public Sector Accounting Standards 1: Presentation of Financial Statements.*

————[2006b], *International Public Sector Accounting Standards 17: Property, Plant and Equipment.*

————[2006c], *International Public Sector Accounting Standards 23: Revenue from Non-Exchange Transactions*（*Taxes and Transfers).*

————[2006d], *International Public Sector Accounting Standards 24: Presentation of Budget Information in Financial Statements.*

————[2007], *Cash Basis IPSAS: Financial Reporting under the Cash Basis of Accounting.*

————[2008],*Consultation Paper: Conceptual Framework of Financial Reporting: The Objective of Financial Reporting and Qualitative Characteristics and Constraints of Decision-Useful Financial Reporting Information.*

————[2010a], *Staff Draft: Key Characteristics of the Public Sector with Potential Implications for Financial Reporting.*

————[2010b], *Consultation Paper: Conceptual Framework for General Purpose Financial Reporting by Public Sector Entities: Elements and Recognition in Financial Statements.*

————[2010c] , *Consultation Paper: Conceptual Framework for General Purpose Financial Reporting by Public Sector Entities: Measurement of Assets and Liabilities in Financial Statements.*

234

―――[2010d], *Exposure Draft: Conceptual Framework of Financial Reporting: The Objective of Financial Reporting and Qualitative Characteristics and Constraints of Decision-Useful Financial Reporting Information.*

―――[2014], *The Conceptual Framework of General Purpose Financial Reporting by Public Entities.*（日本公認会計士協会公会計委員会訳 [2014]『公的部門の主体による一般目的財務報告の概念フレームワーク』）

―――[20015], *International Public Sector Accounting Standards 35: Consolidated Financial Statements.*

Jones, Rowan and Maurice Pendlebury [2000] , *Public Sector Accounting, 5th edition,,* Peason Education.

―――[2010] , *Public Sector Accounting, 6th edition, Peason Education.*

Office for Budget Responsibility [2018] *Fiscal Sustainability Report*

Olov, Olson, James Guthrie and Christopher Humphrey [1998],"International Experience with New Public Financial Management (NPFM) Reforms: New World? Small World? Better World? "*Global warning! Debating International Development in New Public Financial Management,* Cappelen Akademisk Forlag.

Pallot, June [2001], "A Decade in Review: New Zealand's Experience with Resource Accounting and Budgeting" *Financial Accounting & Management, 17(4), 2001.*

Paussson, Gert [2006], "Accrual accounting in the public sector: experiences from the central government in Sweden", *Financial Accountability & Management, 22(1), 2006*

Paul Copley [2009], *Essentials of Accounting for Government and Not-For-Profit Organizations, 10th edition*

Schick, Allen [2001],"The Changing Role of the Central Budget Office" *OECD Journal on Budgeting, Volume1-No.1.*

The Treasury Department and the Office of Management and Budget, USA [2008],*The Financial Year 2008 Financial Report of the United States Government.*

Whittington, Geoffrey [1983], *Inflation accounting: An introduction to the debate,* Cambridge University Press.（辻山栄子訳 [2003]『会計測定の基礎：インフレーション・アカウンティング』中央経済社）

● 国内文献

会田一雄 [2013]「公会計情報の活用」『会計検査研究』No.48（2013.9）pp.5-10

青栁文司 [1982]『会計学基礎講座 1 会計理論の基礎知識』中央経済社。

東信男 [2012]「イギリスにおける発生主義情報の活用状況－財政統制に焦点を当てて

　　　－」『会計検査研究』No.45（2012.3）pp.13-34

───[2016]『政府公会計の理論と実務』白桃書房。

新井清光 [1965]『資本会計』中央経済社。

───[1985]『企業会計原則』森山書店。

石田晴美 [2006]『地方自治体会計改革論』森山書店。

井尻雄士 [1976]『会計測定の理論』東洋経済新報社。

鵜川正樹 [2020]「『国の財務書類』の財政政策へ活用について」『武蔵野大学経営研究
　　　所紀要』第 1 号 2020 年 3 月。

───[2022]「政府会計の連結財務諸表についての一考察～『国の財務書類』の連結
　　　財務書類を手掛かりにして～」『武蔵野大学経営研究所紀要第 5 号 2022 年 2 月。

上野清貴 [1995]『会計利益概念論』同文館。

大森明 [2012a]「政府全体財務諸表の財政規律への活用可能性－イギリス、オーストラ
　　　リアおよびニュージーランドの取り組みから－」『会計検査研究』No.45 (2012.3)
　　　pp.13-34

大森明 [2012b]「政府会計におけるミクロとマクロの連携―イギリス政府における取り
　　　組み―」『平成 23 年度海外行政実態調査報告書』会計検査院

大日方隆 [2002]「利益概念と情報価値（2）」（斎藤 [2002]）。

笠井昭次 [2005]『現代会計論』慶應義塾出版会。

亀井孝文 [2004]『公会計改革論』白桃書房。

川村義則 [2010 a]「公会計の概念フレームワークの検討 - 公的主体のフロー報告への示
　　　唆 -」（『会計検査研究』No.41）。

───[2010 b]「国際公会計基準と米国の公会計基準の現状に関する調査」『平成 21
　　　年度海外行政実態調査報告』会計検査院。

瓦田太賀四 [2005]『地方公営企業会計論』清文社。

企業会計審議会 [1982]『企業会計原則・企業会計原則注解』

建設省建設政策研究センター [1998]『社会資本と企業会計的手法に関する研究』。

斎藤静樹 [2002]『会計基準の基礎概念』中央経済社。

───[2009]『会計基準の研究』中央経済社。

齊野純子 [2006]『イギリス会計基準設定の研究』同文館出版。

財務省 [2003]「公会計に関する基本的な考え方」（平成 15 年）

───[2006]「公会計整備の一層の推進に向けて～中間取りまとめ～」（平成 18 年）

───[2015]「財務書類等の一層の活用に向けて（報告書）」（平成 27 年）

───[2019]「債務管理レポート 2019　国の債務管理と公的債務の現状」

───[2020]「平成 30 年度『国の財務書類』のポイント」

───[2021a]「令和元年度『国の財務書類』ガイドブック」

───[2021b]「令和元年度『国の財務書類』ポイント」

財務省財務総合政策研究所 [2002]『我が国の予算・財政システムの透明性－諸外国と
　　　の比較の観点から－』

清水涼子 [2019]『地方自治体の監査と内部統制－2020年改正の意義と米英比較』同文館出版。

社会経済生産性本部 [2003]『平成14年度会計検査院委託業務報告書　欧米主要先進国の公会計制度改革と決算・財務分析の現状と課題―アメリカ合衆国及びカナダの事例より―』。

―――[2004]『国の会計基準の研究』。

鈴木豊 [2014]『公会計・公監査の基礎と実務』法令出版。

鈴木豊・兼村高文編 [2010]『公会計講義』税務経理協会。

総務省統計委員会 [2021] 国民経済計算部会「第1回 財政・金融専門委員会 議事要旨」

醍醐聰 [1981]『公営企業会計の研究』国元書房。

田中茂次 [1995]『会計言語の構造』森山書店。

―――[1996]『損益計算の構造』森山書店。

田中秀明 [2005]「マクロ財政運営と公会計情報」（山本 [2005]）。

―――[2011]『財政規律と予算制度改革 なぜ日本は財政再建に失敗しているか』日本評論社。

辻山栄子 [2002]「事業用資産の評価（2）」（斎藤 [2002]）。

東京都参与・専門委員 (2001)『機能するバランスシート―東京都の経営を改革する冷徹な用具―』東京都。

―――[2006]『自治体会計の新しい経営報告書＜論点整理＞』東京都。

東京都新公会計制度研究会 (2008)『新地方公会計の実務』都政新報社。

冨塚嘉一 [1997]『会計認識論―科学哲学からのアプローチ』中央経済社。

―――[2001]「会計研究における会計構造論の意義―田中理論の継承と発展―」『商学論纂』第42巻第4号。

―――[2008]「進化論的アプローチにもとづく会計研究のフレームワーク - 会計基準の国際的コンバージェンスへの対応 -」（『CGSAフォーラム』中央大学第6号）。

―――[2009]「「収益費用観対資産負債観」を超えて」（『CGSAフォーラム』中央大学第7号）。

―――[2010]「会計測定基準のための方法論的分析」（『CGSAフォーラム』中央大学第8号）。

内閣府 [2020]「中長期の経済財政に関する試算」（令和2年1月17日経済財政諮問会議提出）

―――[2021]「国民経済計算における政府諸機関の分類 2019年度」、『2020年度国民経済計算（2015年基準・2008SNA）』

中地宏編著 [2001]『自治体経営と機能するバランスシート』ぎょうせい。

―――[2006]『自治体会計の新しい経営報告書』ぎょうせい。

日本公認会計士協会公会計委員会 [2003]「研究報告第7号：公会計原則（試案）」。

―――[2007]「研究報告第16号：インフラ資産の会計処理に関する論点整理」。

日本地方自治研究学会編 [2009]『地方自治の最前線』清文社。

筆谷勇 [1998]『公会計原則の解説』中央経済社。

古市峰子 [2002]「米国の公会計制度の仕組みとわが国へのインプリケーションについて」(『金融研究』vol.21, No.1)。

森田哲彌 [1979]『価格変動会計論』国元書店。

山田辰巳 [2008]「IASB 会議報告（第 76 回会議）」財務会計基準機構。

山本清 [1997]「政府部門における固定資産会計の国際的動向と展望」(『會計』第 152 巻第 5 号)。

―――[1998]『社会資本と企業会計的手法に関する研究』建設省建設政策研究センター。

―――[1999]「公会計－諸外国の動向とわが国へのインプリケーション」『日本銀行金融研究所ディスカッション・ペーパー』。

―――[2001]『政府会計の改革』中央経済社。

―――[2002]「政府会計の理論的枠組みを巡る課題について－ IPSAS に関する検討を出発点として－」『日本銀行金融研究所ディスカッション・ペーパー』。

―――[2005]『「政府会計」改革のビジョンと戦略』中央経済社。

―――[2010]「公会計制度改革シンポジウム」講演資料、東京都・大阪府主催。

米田正巳・天明茂 [1999]『自治体のバランスシート―公会計に企業会計手法を導入するノウハウ』ぎょうせい

若林茂信 [1987]『新アメリカ・イギリス公会計』高文堂出版。

―――[1997]『アメリカの非営利法人会計基準』高文堂出版。

著者略歴

● 鵜川 正樹（うかわ まさき）

武蔵野大学経営学部会計ガバナンス学科教授。

博士（会計学）（中央大学）、公認会計士、税理士。

慶應義塾大学経済学部卒業、中央大学専門職大学院国際会計研究科修了、中央大学大学院商学研究科博士後期課程修了。

東京都会計基準委員会委員長、総務省「今後の新地方公会計の推進に関する研究会」委員、財務省「財政制度等審議会財政制度分科会法制・公会計部会」臨時委員等を歴任。

主な著書に、『自治体経営と機能するバランスシート』（共著、2001 年、ぎょうせい）、『自治体会計の新しい経営報告書』（共著、2006 年、ぎょうせい）、『公会計講義』（共著、2010 年、税務経理協会）、『すぐに役立つ公会計情報の使い方』（共著、2010 年、ぎょうせい）、『公会計・公監査の基礎と実務』（共著、2014 年、法令出版）、『レッスン地方公会計－演習で身につく！自治体財務情報の活用はじめの一歩』（共著、2021 年、第一法規）等。

◉本書は、
「学校法人武蔵野大学学院特別研究費・武蔵野大学図書出版助成」
により刊行されたものである。

公会計論の研究

発行日	2023 年 3 月 7 日 初版第 1 刷
著者	鵜川正樹
発行	武蔵野大学出版会 〒 202-8585 東京都西東京市新町 1-1-20 武蔵野大学構内 Tel. 042-468-3003 Fax. 042-468-3004
印刷	株式会社 ルナテック
装丁・本文デザイン	田中眞一

©Ukawa Masaki
2023 Printed in Japan
ISBN978-4-903281-57-5

武蔵野大学出版会ホームページ
http://mubs.jp/syuppan/